흔들리는
서울의 골목길

경신원

'도시와 커뮤니티 연구소Urban and Community Research Center' 대표. 15년간 영국과 미국에서 주택 및 도시(재)개발 분야의 교육자와 연구자로 활동했다. 영국문화원 쉐브닝 장학생Chevening Scholar으로 선발되어, 버밍엄 대학교의 도시 및 지역학과에서 박사학위를 받은 뒤, 동 대학에서 조교수로 근무했다. 2010년 미국으로 건너가 워싱턴 DC의 도시연구소Urban Institute 본사에서 객원연구원 겸 컨설턴트로 일했다. 2014년 MIT의 SPURS 연구원으로 선발되어 보스턴에서 SPURS 연구원 겸 캠브리지 연구원Cambridge Fellow으로 활동했다. 또한 2014년부터 현재까지 MIT의 RCHIResilient Cities and Housing Initiative 연구팀원으로 지속가능한 도시 및 주택 분야와 관련한 프로젝트에 참여하고 있다.

2016년 서울로 돌아와 서울대학교 환경대학원에서 도시계획에 대한 강의를 했으며, 카카오 브런치와 〈오마이뉴스〉에 젠트리피케이션과 관련한 글과 칼럼을 연재하고 있다.

흔들리는 서울의 골목길

초판 1쇄 발행 2019년 10월 31일
초판 2쇄 발행 2020년 2월 6일

지은이 경신원
사진 경신원, 정규리
펴낸이 정해종

펴낸곳 ㈜파람북
출판등록 2018년 4월 30일 제2018-000126호
주소 서울시 마포구 양화로12길 8-9 예현빌딩 2층
전자우편 info@parambook.co.kr 인스타그램 param.book
페이스북 www.facebook.com/parambook/
대표전화 02 2038 2633

ISBN 979-11-90052-15-3 (03300)

책값은 뒤표지에 있습니다.

 이 도서의 국립중앙도서관 출판시도서목록(CIP)은 서지정보유통지원시스템 홈페이지(http://seoji.nl.go.kr)와 국가자료공동목록시스템(http://www.nl.go.kr/kolisnet)에서 이용하실 수 있습니다.(CIP제어번호: CIP2019041083)

흔들리는 서울의 골목길

밀레니얼과 젠트리피케이션

경신원 지음

파람북

Prologue

다시 마주한 서울에서

2001년의 마지막 날 나는 서울을 떠났다. 당시 내가 기억하는 '뜨는 동네'는 매끈한 건축물이 줄지어 들어선 강남에 위치하고 있었다. 1990년대 서태지와아이들에 열광하던 X세대(1960년대 후반부터 1970년대 후반까지 태어난 세대)의 개성 있는 라이프스타일을 선도하는 곳은 압구정동과 청담동이었다. X세대는 '우리'를 중요시 여기는 기성세대와 달리 '나'에게 집중하고 '나 자신'을 표현하기 시작한 세대였다. 1989년 실시된 해외여행 전면 자유화 정책으로 해외여행을 자유롭게 떠날 수 있던 첫 세대이기도 했다. 미국의 대표적인 패스트푸드 브랜드인 맥도날드는 1989년 압구정동에 1호점을 열었고, 1993년에는 당시 가장 인기가 많았던 가수 엄정화와 배우 최민수가 주연한 영화 〈바람 부는 날이면 압구정동에 가야 한다〉가 개봉했다. 1990년대 히트곡의 바로미터였던 '길보드 차트'의 순위를 가장 먼저 알 수 있는 곳도 압구정동 맥도날드 앞 노점상이었다.

2016년 늦여름 나는 서울로 돌아왔다. 다시 마주한 서울에서 '뜨는 동네'는 더 이상 강남에 있지 않았다. 인스타그램과 페이스북에서 인기 높은 핫플레이스들은 대부분 내가 이전까지 한 번도 들어본 적 없던 강북의 동네, 그러니까 연남동과 익선동, 성수동이라는 낯선 지역에 위치하고 있었다. 사람들은 좁은 골목길에 간판도 없는 작은 상점들을 찾아다니며 SNS에 사진을 올리고 그곳에서의 경험을 공유했다. 마치 보물찾기라도 하듯 골목 사이를 누비며 특이한 상점을 발견하는 데 기쁨과 즐거움을 느끼고 있었다.

서울의 핫플레이스 가운데 내게 가장 흥미롭게 다가온 공간은 이태원이었다. 1990년대 서울에서 가장 익숙하지 않은, 이방인의 공간으로 인식되던 이태원의 골목길에 나타난 변화는 가히 충격이었다. 이태원은 여전히 가장 이국적인 공간이다. 우리나라 어디에서도 이런 공간을 찾기 어렵다. 그러나 이곳은 더 이상 이방인을 위한 공간이 아니다. 이태원의 골목길은 이방인의 문화를 즐기는 내국인으로 넘쳐나고 있었다. 이러한 변화를 주도하는 새로운 소비자 계층은 바로 '밀레니얼 세대The millennials'였다.

현재 40~50대가 된 X세대를 잇는 20~30대 밀레니얼 세대는 1980년대 중반부터 1990년대 중반 사이에 태어난 세대로, 그들은 오늘날 대한민국 산업의 판도를 바꾸고 있다. 이들은 베이비붐 세대babyboom generation에게는 미군기지를 중심으로 형성된 기지촌으로 기억되고, X세대에게는 재미 삼아 짝퉁 가방과 신발, 패션 아이템을 구입하러 가는 쇼핑 거리였던 이태원을 바꾸어놓았다. 1990년대 내가 기억하는 이태원은 커피를 마시거나 브런치를 먹으러 가는 곳이 아니었다. 하지만 이제 이곳에는, 여전히 미군과 미국 문화가 지배적인 서울 속 낯선 공간이긴 하지만, 낡은 골목길을 따라 이국적이고 독특한 레스토랑이나 카페 그리고 자신의 취향을 반영한 상품을 판매하는 부티크 스타일의 소매점이 자리를 꿰차고 있다. 외국 문화에 익숙한 밀레니얼 세대에게는 그들이 외국에서 즐기던 라이프스타일을 재현할 수 있는 경쾌한 일상 공간이고, 자유로운 X세대에게는 독창적인 문화 경험을 축적해 경제적 행위로 연결할 수 있는 삶의 터전이다.

이태원 골목길에 나타난 낯선 변화는 '젠트리피케이션gentrification'이라는 전문용어로 종종 표현된다. 젠트리피케이션은 쇠퇴한 지역에 기존 주민보다 부유한 주민이 유입됨에 따라 나타나는 경제적, 환경적인 개선을 뜻한다. 하지만 이로 인한 급격한 임대료 상승과 기존 주민들의 비자발적 이주 현상이 동반되어 젠트리피케이션은 '둥지 내몰림'이라는 다소 부정적인 의미로 번역되고 있다.

젠트리피케이션은 과연 부정적인 결과만 낳는 것일까?

이태원 상권은 1990년대부터 2000년대 초반까지 외제 상품 복제품 단속과 범죄와의 전쟁, 미군기지 이전, IMF 경제위기 등의 여파로 위축되어 있었다. 이태원의 위축된 상권을 되살리고자 정부는 1997년 이태원을 관광특구로 지정했지만, 불편한 교통과 바가지 요금 탓에 엄청난 수요의 쇼핑객을 동대문 상권에 하릴없이 빼앗겼다. 더구나 이태원에서 유흥을 즐기던 외국인들은 강남이나 신촌 그리고 홍대 주변의 클럽이나 바를 이용하기 시작했다. 사람들은 예전처럼 이태원에 관심을 두지 않았다.

그러나 오늘날의 이태원은 사람들의 기억에서 지워진 공간이 아니라 서울에서 가장 핫한 장소 가운데 하나로 주목받고 있다. 미군 문화가 지배적이던 이태원은 2000년대 중반부터 다국적, 다민족, 다정체성의 정서가 수용되고 교감되는 문화공간으로 특화되어 갔고, 이러한 변화는 이태원의 골목길을 따라 빠르게 확대되었다.

대중매체는 2015년 무렵부터 이태원 골목길에 나타난 변화를 젠트리피케이션 현상으로 설명하기 시작했고, 이와 관련해 부정적인 보도가 쏟아졌다. 보도의 요지는 '옆동네 르네상스'를 이루며 이태원의 골목길을 변화시킨 소수의 선구적 젠트리파이어gentrifier가 오히려 자본의 논리에 의해서 자신들이 창조한 공간에서 내쫓긴다는 것이다.

우리 사회가 우려하는 젠트리피케이션의 부작용은 이처럼 대규모 자본에 의해 발생하는 슈퍼 젠트리피케이션 과정에서 나타난다. 좁은 골목길에 대형 개발업자들이 진입하고, 곧 부동산 가격과 임대료가 급격하게 치솟는다. 선구적 젠트리파이어는 이 단계에서 자신들이 창조한 공간에서 쫓겨나기도 하지만, 일부 젠트리파이어는 쇠퇴한 구도심에 미친 그들의 긍정적인 영향력이 변질됨에 따라 그 공간에 대한 관심이 상실되어 다른 곳으로 자진해 이주하기도 한다. 이태원의 골목길도 이러한 과정을 겪고 있다.

이태원 골목길의 변화는
어.떻.게 일어난 것일까?

이것이 다시 마주한 서울의 골목길, 이태원이 겪는 젠트리피케이션 이야기의 시작이다. 답을 찾기 위해 나는 먼저 2000년대 초반부터 지금까지 변화한 서울의 발자취를 찾아보았다. 내가 서울을 떠날 당시만 해도, 서울에서 외국인을 만나는 일이 그리 흔하지 않았으며, 외국 문화를 경험한 사람도 많지 않았다. 그러나 서울은 세계화, 탈산업화를 겪으며 아주 빠르게 변화했다. 이러한 사회, 경제적인 변화는 서울의 공간에도 영향을 미쳤다.

밀레니얼 세대 같은 후기 산업사회의 새로운 소비 계층에게 도시는 더 이상 생산의 공간이 아니다. 그들에게 도시는 소비의 공간이다. 질 높은 상품에 대한 수요와 자신만의 이국적이고 독특한 분위기를 추구하는 20~30대 소비 계층의 등장은 서울이라는 도시에 새로운 소비 공간을 만들어가고 있다. 이태원의 골목길도 이러한 소비 공간 가운데 하나다. 이태원은 베이비붐 세대, X세대 그리고 밀레니얼 세대를 거치면서 부정적 이미지를 탈피해 다양한 해외 문화를 즐길 수 있는 초국가적 공간으로 자리매김했다.

나는 서울로 돌아온 2016년 늦여름부터 2018년 늦여름까지, 이태원의 골목길을 걷고 또 걸었다. 반듯하지 않은 이태원의 비좁은 골목길 언덕에서 '자신만의 스타일'로 사업을 번듯하게 꾸려나가는 멋진 사람들을 만났다. 그리고 이들의 상업적 활동에 대한 가치를 인정하고, 이들의 활동을 지속하게 하는 우리 시대의 새로운 소비자들을 알기 위해 온라인 설문조사를 진행하기도 했다.

이 글은 내가 관찰한 서울의 골목길, 이태원과 그곳에서 만난 사람들에 대한 이야기다. 이태원이라는 변화무쌍한 동네와 서울이라는 대도시의 활발한 호흡을 들여다보면 다음 세대에 만나게 될 서울의 변화까지 예측할 수 있을지 모른다. 적어도 우리는 살아 있는 도시의 유연한 움직임을 목격할 수 있을 것이다.

2019년 가을
경신원

Chapter

PART 01

밀레니얼 세대와 서울의 골목길

0
1

후미진 골목에 나타난 미묘한 변화

: 상업적 젠트리피케이션

내가 처음 '젠트리피케이션'이라는 용어를 접한 것은 2000년대 초반 영국에서 도시 및 지역정책학 박사 과정을 수학할 때였다. 박사 과정 학생들의 세미나 시간에 우리나라의 주택 및 도시 재개발, 재건축 정책의 변화 과정에 대해 발표하던 나에게 교수가 던진 한마디는 낯설었다.

"한국은 정부가 젠트리피케이션을 주도하는구나, 재미있네 That's gentrification, it's very interesting that this has actually been led by the Korean government."

머릿속이 복잡해졌다. 젠트리피케이션이 뭐지? 이전까지 단 한 번도 젠트리피케이션이라는 용어를 접해본 적이 없었다.

'젠트리피케이션'은 영국의 사회학자 루스 글래스Ruth Glass가, 1964년 노동자 계층이 모여 살던 런던 도심지에 중산 계층이 진입하여 나타난 주택시장과 사회 계층의 변화를 설명하기 위해 처음 사용한 용어다. 젠트리피케이션은 'Gentry+fication'이 합쳐진 용어로 직역하자면 '신사 계급화되다'란 의미다. '신사 계급'은 귀족 다음가는 계급으로 중산 계층을 의미했다.

제2차 세계대전 이후, 많은 런던 사람들은 더 나은 거주 환경을 찾아 런던 외곽지역으로 이주했다. 이러한 '교외화Suburbanization'로 인한 '도심공동화Urban Hollowing Phenomenon'가 활발하게 이뤄진 1960년대에, 사회의 관습에 구애되지 않는 진보적이고 보헤미안적인 예술가, 문학가, 배우, 지식인 계층이 임대료가 저렴한 노동자 계층 지역에 들어가 노후된 건물을 새롭게 복원하고 주거환경을 쾌적하게 변화시켰다. 그러자 지역의 임대료가 점차 상승하였고, 임대료를 감당할 수 없는 노동자 계층이 밀려나게 되었다. 루스 글래스는 노동자 계층 지역에 나타난 변화를 다음과 같이 묘사했다.

> 노동자 계층이 모여 살던 지구들이 하나씩 하나씩 중산 계층에 의해서 침략당했다. 젠트리피케이션 과정이 한 번 시작되면 노동자들은 순식간에 쫓겨나게 되고, 그 지구의 사회적 성격 자체가 변화한다One by one, many of the working class quarters have been invaded by the middle class-upper and lower. …… Once this process of 'gentrification' starts in a district it goes on rapidly until all or most of the working class occupiers are displaced and the whole social character of the district is changed(Glass Ruth, *London aspects of change*, 1964).

서구사회에서 젠트리피케이션 개념은 루스 글래스가 묘사했듯이, 노동자 계층의 주거지에 중산 계층이 진입함으로써 나타나는 주택시장과 사회 계층의 변화를 설명하는 데 주로 사용되었다. 그러나 시간이 지남에 따라 젠트리피케이션의 개념이 점점 더 확대되어 도시의 버려진 산업부지 재개발, 호화로운 주택지 개발, 워터 프런트 개발 같은 도시의 대형 개발사업 등을 포함하게 되었다. 또한 경제적으로 여유가 있는 도시민이 주말을 보내기 위해 농어촌지역의 세컨드하우스를 매입하기 시작하면서 이 지역에 나타나는 사회, 경제적인 변화 현상까지도 다루게 되었다.

오늘날 젠트리피케이션은 서구사회뿐 아니라 아시아와 남미 그리고 아프리카의 여러 도시에서 일어나는 전 지구적 현상이다. 도시마다 나타나는 젠트리피케이션 현상 또한 다양하다. 우리나라의 경우, 주거시설이 카페나 레스토랑 또는 부티크 같은 상업시설로 건축물의 용도가 바뀌는 주거지역의 상업적 젠트리피케이션이 대부분이다. 1990년대 중반 홍대 일대에서 시작된 주거지역의 상업화 현상은 2000년대 중반 급속하게 증가해 이태원, 연남동, 연희동, 부암동, 성수동 등으로 빠르게 확산되었다.

우리나라에서는 왜 주거지역의 상업적 젠트리피케이션이 두드러지게 나타나는 걸까?

서구 도시의 주거지역에서 주로 발견되는 젠트리피케이션은 노후화된 주거지역의 고급화 현상이다.

런던 북부 이즐링턴 지역의 초기 빅토리안 스타일 건축물

중산 계층이 노동자 계층의 주거지 내에 건축적으로 혹은 미적으로 가치가 있는 오래된 건축물을 복원해 예전 모습을 재현함으로써 일어나기 시작한다. 1960년대 루스 글래스가 목격한 젠트리피케이션이 일어난 장소는 런던 북부에 위치한 이즐링턴Islington 같은 노동자 계층의 주거지역이었고, 이 지역에는 조지언 스타일과 빅토리안 스타일의 우아한 건축물이 많이 보존되어 있었다.

우리나라 도시 공간 가운데 중산 계층이 매력을 느끼고 복원할 만한 가치가 있는 건축물이 남아 있는 주거지역은 얼마나 될까? 더구나 노동자 계층이 거주하는 지역에 말이다.

우리나라 도시 공간에 이러한 건축물들이 남아 있지 못한 이유는 한국전쟁, 급속한 도시화와 산업화 때문이다. 한국전쟁 이후, 우리나라는 급속한 도시화와 산업화를 경험했다. 우리나라의 도시화율은 세계 어느 나라보다 높고, 또 빠르게 진행되었다. 1950년에 21.4%에 불과했던 도시 지역의 인구 비율이 1980년에 56.7%로 급증했고, 2010년에는 83%, 2015년에는 91.8%로 증가했다.

한국전쟁으로 많은 주택이 파괴되어 도시로, 특히 서울로 몰려드는 사람들이 거주할 수 있는 주택은 턱없이 부족했다. 사람들은 무허가 판잣집을 만들어 정착하기 시작했고, 도시 곳곳에는 대규모 판자촌이 형성되었다. 서울의 경우, 무허가 판잣집 수가 1976년 14만 3,900채에서 1980년에 15만 4,047채로 14%나 증가했다. 오늘날 핫플레이스로 주목받는 해방촌도 한국전쟁 당시 북한에서 내려온 실향민과 이주민이 임시 정착하면서 형성된 무허가 판자촌이었다.

서울 청계천변 판자촌
(출처: 서울역사박물관)

정부는 무허가 판자촌을 재정비하려고 집단 이주, 시민 아파트 건설, 주택 재개발 같은 다양한 정책을 실행했다. 1980년대 들어 도심지 재개발 사업은 더욱 활발하게 이뤄졌는데, 이는 1986년과 1988년에 있었던 아시안게임과 서울올림픽을 성공적으로 치르기 위해 시작된 서울의 도시 미관 정비사업 때문이었다. 또한 점점 더 악화되는 주택 부족 문제를 해결하기 위해 정부는 강북의 인구 분산 정책과 고밀도 주거지 개발 정책을 시작했다. 1970년대 초반에 수립된 '주택건설 10개년 계획'과 '강남 개발 계획'은 아파트의 대량 공급뿐 아니라 우리나라의 주거문화를 획기적으로 바꿔놓았다.

1970년대만 하더라도 사람들은 대부분 단독주택에 거주했다. 1978년 아파트 주거비율은 겨우 5.2%에 불과했다. 그러나 1990년에는 28%로 10년 만에 급격하게 증가했고, 2015년에는 59.9%까지 올랐다. 서울의 경우, 총 주택 수 대비 아파트 비율은 1980년 19.0%였고, 2000년에 50.9%로 증가했으며, 2010년에는 58.9%로 더욱 증가했다.

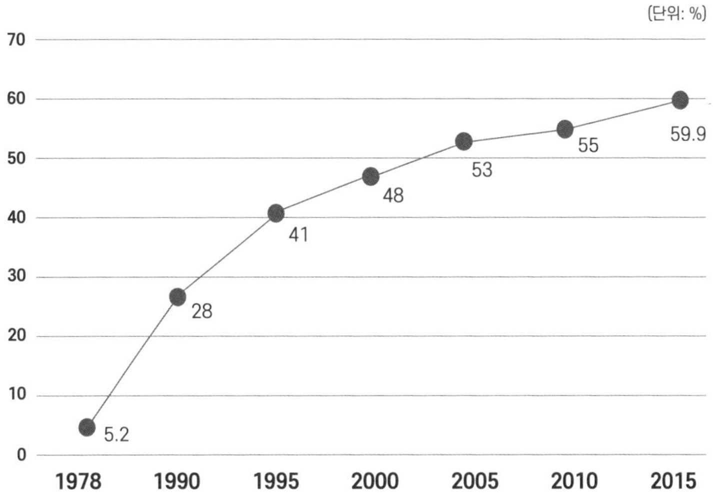

우리나라 아파트 주거비율
(출처: 통계청)

프랑스의 지리학자 발레리 줄레조Valerie Gelezeau는 우리나라를 '이상한 아파트 공화국'이라고 비판했지만, 그래도 아파트 개발은 짧은 시간에 많은 수의 주택을 공급해야 하는 상황에서 최선의 선택이었는지 모른다. 물론 그녀가 지적한 대로 우리나라가 아파트 공화국이 된 이유는 단순히 '좁은 면적 대비 많은 인구수'라는 상관관계에만 있지는 않다. 영화 〈강남 1970〉에서 보여주듯 우리나라의 아파트 개발은 정치권력과 재벌 그리고 부동산 투기라는 세

하늘에서 바라본 서울의 풍경, 2019

박자가 모두 맞았기 때문에 가능했다.

우리나라에서 발생하는 주거지의 고급화, 즉 주거지의 젠트리피케이션은 주로 대규모 재개발과 재건축 사업을 통해 이뤄져왔다. 따라서 서구사회처럼 노동자 계층의 주거지역에 중산 계층이 진입해 개별 건축물의 복원과 개선을 통해 그 지역의 주택시장이나 사회 계층의 변화를 일으킬 수 있는 여지는 많지 않다. 그러나 강북의 낡은 주택을 상업 시설로 개조하는 일은 개개인이 충분히 할 수 있는 일이다. 더구나 경제적 자본이 제한된 소상공인들에게 단독주택 또는 다세대 주택의 1층이나 반지하층처럼 임대료가 저렴한 곳은 새로운 사업을 시작하기에 아주 적절한 장소였다. 이태원이나 연남동, 성수동의 골목길에 위치한 핫플레이스를 찾아가 보면 대부분 이런 식으로 개조한 곳들이다.

오래된 골목길의 낡은 주택은 비록 경제적 자본은 제한적이지만, 문화적 자본이 풍부한 새로운 소상공인들에 의해 개성 넘치는 공간으로 재창조되고 있다. 이러한 공간은 아파트 공화국에서 태어나고 자란 밀레니얼의 관심을 끌기에 충분하다. 경험적 소비와 소확행(작지만 확실하게 실현 가능한 행복)을 중요시하는 밀레니얼에게 강북의 골목길은 획일화된 아파트 단지에서 찾을 수 없는, 마치 알 수 없는 미지의 세계로 여행을 떠나는 것과 같은 탐색의 장소다. 골목길 탐색은 멋진 카페에서 커피와 차를 마시며 휴식의 시간을 가질 수 있는 휴식 여행이자 맛집을 찾아 떠나는 미식 여행이다. 또한 골목길은 다른 어떤 곳에서도 발견할 수 없는 독특한 아이템을 발견할 수 있는 쇼핑의 장소며, 비슷한 취향을 가진 사람들과 교류하며 취향을 공유하는 공동체가 형성되는 장소다.

02

밀레니얼이 나타났다
: 새로운 라이프스타일과 소비 패턴

'밀레니얼'이라는 단어는 '세대이론Straus-Howe generational theory'으로 잘 알려진 윌리엄 스트라우스William Straus와 닐 하우Neil Howe가 그들의 책 『세대들, 미국 미래의 역사Generations: The History of America's Future』(1991)와 『밀레니얼이 뜬다Millennials Rising: The Next Great Generation』(2000)에서 처음 사용했다. 밀레니얼 세대를 가르는 정확한 기준은 없지만, 미국의 인구조사국에서는 1982~2000년 사이에 태어난 세대로 정의했다. 이 기준에 따르면 한국의 밀레니얼은 1,296만 명으로 우리나라 총인구 5,163만 명(2018년 기준) 가운데 약 25%를 차지한다.

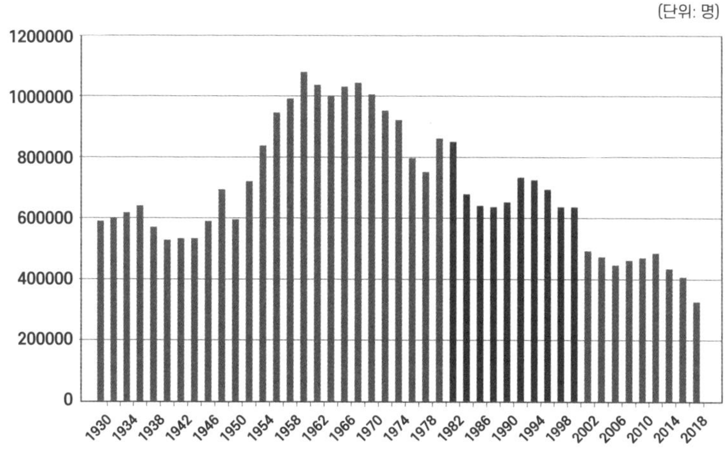

한국 밀레니얼의 출생연도별 인구 비중
(출처: 통계청)

밀레니얼은 '나보다 가족이 먼저'인 베이비붐 세대의 자녀다. 평균 자녀 수가 한 명인 첫 세대로 부모의 전폭적인 관심과 보호 속에서 성장했기 때문에 '자기중심적이며, 인내심이 부족하고 불평과 불만이 많다'는 비판을 받기도 한다. 2013년 〈타임스TIMES〉는 밀레니얼을 'Me Me Me generation'이라고 표현한 적이 있다. 이들은 1990년대 '신인류'로 불리던 X세대보다 훨씬 더 진보적이고 개방적이며 자기 취향이 뚜렷하다. 그렇기 때문에 대기업에 취직해 안정적인 직장 생활을 유지하려 노력했던 기존 세대와 달리, '워라벨Work and life balance'을 추구해 삶의 가치나 관심사에 따라 직장을 옮길 뿐 아니라 자신이 꿈꾸는 '내 스타일'의 사업에 도전하는 비율도 높다. 1997년 아시아 경제 위기와 2008년 글로벌 경제 위기로 부모의 실직과 경제적 어려움을 경험한 밀레니얼에게 평생직장은 더 이상 의미가 없다. 현대경제연구원에서 2015년

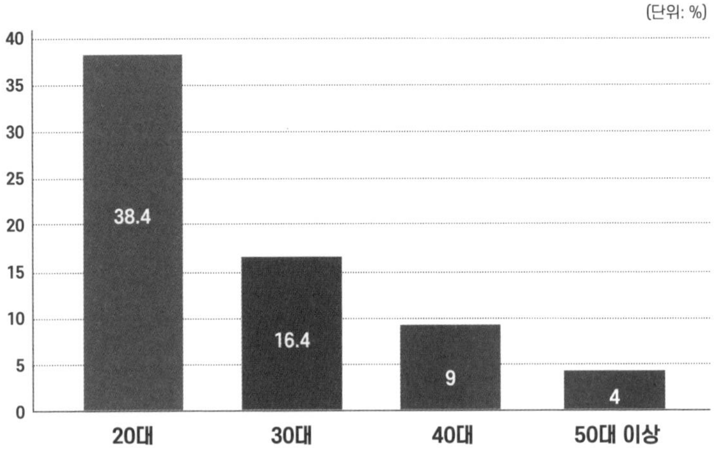

연령대별 자영업 진출율
(출처: 현대경제연구원 「자영업자 진입 : 퇴출 추계와 특징」)

발표한 보고서 「자영업자 진입: 퇴출 추계와 특징」에 따르면 밀레니얼의 자영업자 진출률은 54.8%로 다른 세대보다 월등히 높다.

밀레니얼은 어떤 세대보다 치열하게 경쟁하고 질 높은 교육을 받았지만, 불안정한 경제상황과 고용환경으로 인해 부모 세대보다 소득이 낮은 최초의 세대가 되었다. 이는 비단 우리나라만의 문제가 아니며, 전 세계적인 현상이다. 글로벌 컨설팅 회사인 매킨지는 2016년 25개 선진국을 대상으로 2005년부터 2014년 사이의 가계소득을 분석한 결과를 발표했다. 매킨지의 분석 결과에 따르면 10년간의 경제성장에도 불구하고 65~70% 가구의 실질 가계소득이 증가하지 않았다. 매킨지는 이러한 현상이 지속한다면, 현재 밀레니얼은 부모 세대보다 더 가난해질 위험에 처할 것이라고 경고했다.

한국의 경우, 상황은 더욱 심각하다. 2015년 연령대별 소득 증가율을 살펴보면 다른 모든 연령층의 소득이 증가했지만, 밀레니얼은 사상 최초로 마이너스를 기록했다. 밀레니얼의 부모 세대인 베이비부머는 40~50대에 경제 위기를 겪으며 어려운 시기를 보냈으나, 그들의 청년기에는 열심히 노력한 만큼의 보상이 가능했다. 그러나 밀레니얼은 대학교 졸업과 동시에 학자금 대출금을 갚아야 하는 빚쟁이 신세다. 높은 청년 실업률을 뚫고 어렵게 취직했다고 하더라고 소득에 비해 터무니없이 오른 집값과 글로벌 경제 위기로 강화된 대출 규제로 내 집 마련이나 결혼, 출산에 대한 꿈을 미뤄야 한다.

하지만 밀레니얼은 불확실한 미래 때문에 좌절만 하지는 않는다. '현재'에 더 충실한 삶을 추구하며, 자신이 좋아하는 이상향을 따라 실천한다. '인생은 단 한 번뿐You Only Live Once'이라는 의미의 '욜로YOLO'라는 신조어가 이들의 라이프스타일을 잘 대변한다. 결혼, 출산, 내 집 마련을 포기한 밀레니얼은 계획적인 소비보다 지금 이 순간의 욕구와 관련된 소비 활동을 더 선호한다. 그렇다고 이들이 충동구매를 하는 것은 아니다. 밀레니얼은 물질적인 소비가 아닌 경험적 소비를 중요시한다. 여행이나 취미, 문화와 관련된 것이 밀레니얼 소비의 주요 콘텐츠를 이룬다.

빅데이터 분석 전문 기업인 '타파크로스'가 분석한 자료에 따르면, 밀레니얼은 여행에서 가장 큰 행복을 느낀다. 자신들이 꿈꾸었던 세계여행을 위해 잘 다니던 직장을 그만두고, 월세 보증금이나 전세금을 빼서 여행을 떠난다. 항상 미래를 위해 계획하고 저축하며 안정적인 라이프스타일을 추구하던 부모 세대 베이비부머에게 이러한 소비 행위는 한마디로 '미친 짓'이다. 여행 이외에 밀레니얼을 행복하게 만드는 것으로는 '맛있는 음식'(32,957건), '커피'(26,098건), '운동'(20,600건), '좋아하는 음악'(20,472건), '영화'(20,062건) 그리고 '책'(19,598건) 등으로 모두 일상에서 누리는 소소한 것들이다. 밀레니얼은 자신만의 방식으로 가치 있는 일상을 만들며 현재를 살아간다.

자기 정체성이 강한 밀레니얼은 취향을 살려 대중적으로 지지를 받는 주류보다는 비주류적인 생산과 소비 활동을 한다. 책을 읽고 쓰는 걸 좋아하는 사람은 1인 출판사나 독립서점을, 커피를 사랑하는 사람은 자신이 직접 로스팅한 커피를 판매하는 카페를, 음식을 만들고 친구들과 먹는 걸 좋아하는 사람은 식당을, 음악을 좋아하는 사람은 레코드 가게를 그리고 사진 찍는 걸 좋아하는 사람은 스튜디오와 필름 사진관을 연다. 마음이 맞는 사람들과 모여 버스킹 공연도 하고, 팝업스토어를 열거나 플리마켓(벼룩시장)에 참여해 자신과 취향이 비슷한 사람들과 적극적으로 교류한다. 이러한 활동은 '디지털네이티브'답게 오프라인보다 온라인에서 더욱 활발하다.

베이비부머와 X세대의 자리를 대신해 최대 소비 계층으로 부상한 밀레니얼은 남과 다른 소비생활을 지향하며, 비주류 상품을 주류로 만들어간다. 소수를 위한 취향 중심의 독립서점, 부티크 스타일의 호텔, 예약제로만 운영되는 원 테이블 식당, 주문 제작한 소량의 옷을 판매하는 부티크식 옷가게가 인기를 끌고 있다. 또한 잊혔던 아날로그 음반과 카세트테이프 그리고 필름 카메라와 즉석 카메라까지 부활시켰다.

밀레니얼의 아날로그적 감성은 강남 개발로 외면받던 강북의

이태원 해방촌 골목길의 디저트 카페 버터북Butter book

낡고 좁은 골목길을 핫플레이스로 바꾸었다. 인스타그램과 페이스북에서 인기를 끈 핫플레이스는 대부분 개발이 제한되거나 느리게 이뤄져 예전의 모습을 간직한 강북의 골목길에 있다.

밀레니얼은 강남의 매끈한 건물이 주는 느낌보다 오래된 골목길의 낡은 주택에서 빈티지한 매력을 느낀다. 그리고 이러한 주택을 자신의 취향에 맞춰 새로운 공간으로 탈바꿈시킴으로써 '내 스타일'의 사업을 꾸려간다. 또한 '나만 아는' 상품과 장소 혹은 '나와 관심사'가 유사한 사람들을 발견하는 일에 기쁨과 즐거움을 느끼며, 비주류의 문화 경제적 활동을 주목하고 지지한다. 이들은 비교적 제한된 경제자본을 소유했지만, 자신들만의 독특하고 이국적인 상품을 소량으로 생산하고 소비함으로써 기존의 세대와 구분된다. 그들이 서울의 골목길을 변화시키고 있다.

0
3

골목길의 변화는 '왜' 일어나는 것일까?

2016년 늦여름을 뜨겁게 달구었던 우리 사회의 이슈는 '젠트리피케이션'이었다. 이미 오랫동안 존재했던 임대료를 둘러싼 건물주와 세입자 간의 갈등 문제가 다소 생소한 젠트리피케이션이라는 학술용어로 설명되기 시작한 것은 아마도 2010년 홍대입구역 부근의 작은 식당 두리반의 강제 철거 사건에 대한 사회적 관심이 커지면서부터였을 것이다.

두리반은 2009년 12월 경의선과 공항철도역 공사로 인해 강제 철거 위기에 놓였다. 권리금만 1억 3,000만 원을 내고 들어온 식당에 개발회사가 강제 철거를 요구하며 제시한 합의안은 고작 보상금 300만 원이었다. 강제 철거를 당하던 다른 세입자들과 달리 두리반 사장 부부는 적극적으로 저항했고, 홍대에서 활동하던 예술인들은 이들의 투쟁에 함께했다. 500일이 넘는 투쟁의 시간 동안 두리반에서는 음악회, 낭독회, 작가회 등과 같은 문화행사가 정기적으로 열

렸고, 점점 더 많은 사람이 이들의 투쟁을 응원했다. 그리고 2011년 6월 두리반 사장은 마침내 합의에 성공했다. 2억 5,000만 원 상당의 배상금 지급과 인근 지역에서 영업 재개 등이 합의 내용에 포함되었다.

젠트리피케이션의 현실은 식당 두리반 사건처럼 '젠틀'하지 못하다. 2016년 국립국어원은 젠트리피케이션을 대신하는 순우리말로 '둥지 내몰림'을 제안했다. 둥지 내몰림은 젠트리피케이션이 갖는 부정적 측면이 강조된 용어다. 그러나 젠트리피케이션은 쇠퇴한 지역에 기존 주민보다 부유한 계층이 유입되어 주거환경이 개선되고 침체되었던 지역에 사회적, 경제적으로 활기가 생기는 긍정적인 효과도 가진다. 다만 이 과정에서 나타나는 임대료 상승으로 인한 '원주민의 비자발적인 이주'는 경제적 약자에 대한 제도적인 보호 장치가 미비하거나 제대로 작동하지 않을 때 발생하는 현상이다. 자본주의 체제에서 시장의 힘을 견제할 수 있는 정부의 간섭이 제대로 이뤄지지 않을 때, 경제적 약자는 이윤을 극대화하려는 자본주의 논리에 의해 시장의 폭력에 휘둘리고 만다. 따라서 젠트리피케이션의 발생 자체를 문제 삼는 것은 잘못된 일이다.

그렇다면 젠트리피케이션은 왜 발생하는 것일까?

1964년 루스 글래스가 젠트리피케이션이라는 용어를 처음 사용한 이후, 젠트리피케이션의 발생 원인을 설명하기 위한 여러 이론이 있었다. 가장 대표적인 이론은 경제적 변화 과정에 초점을 맞춘 1)공급 측면 이론Production-side theory과 사회적 변화 과정에 초점을 맞춘 2)소비 측면 이론Consumption-side theory이다.

공급 측면 이론의 가장 대표적인 학자는 닐 스미스Neil Smith로, 그는 젠트리피케이션을 자본의 유입과 이로 인해 발생하는 도시 공간의 변화 과정, 즉 '도시 공간의 재구성화Restructuring of urban space'로 설명했다. 닐 스미스는 도시 근교화로 인해 나타나는 임대료 격차를 젠트리피케이션의 주된 발생 원인으로 보았다. 도시 근교화는 더 많은 이윤 창출과 쾌적한 주거환경을 위해 기업과 도시민들이 도심에서 지가가 저렴한 근교로 이동하면서 일어난다. 이러한 도심공동화 현상은 도심의 지가를 떨어뜨리고 쇠퇴하게 만들어 결과적으로 임대료를 현저히 낮아지게 했다. 닐 스미스가 주장하는 임대료 격차는 이러한 상황에서 발생하는데, 도시 근교화로 현저하게 낮아진 지가와 임대료는 주거환경 개선을 통해 본래의 가치를 회복하게 된다. 젠트리피케이션은 이러한 과정에서 발생한다.

임대료 격차 이론은 젠트리피케이션이 경제적 과정을 통해 도시 공간에 발생하는 현상으로 설명하는 데 매우 중요한 기초가 된다. 임대료 격차가 충분히 벌어졌을 때, 이윤을 창출하려는 부동산 개발업자와 건물주 그리고 투자자의 관심이 도심의 저평가된 지역에 쏠리게 되고, 상승한 임대료를 지급할 경제적 능력이 있는 새로운 임차인을 위한 재개발 사업이 이뤄진다. 따라서 임대료 격차의 전개는 도시 공간의 재구성화와 젠트리피케이션을 창출하는 기회가 된다.

소비 측면 이론은 후기 산업사회에서 새롭게 등장한 중산 계층인 젠트리파이어의 사회 문화적인 특징과 동인을 젠트리피케이션을 이해하는 데 가장 중요한 요소로 간주한다. 인문지리학자인 데이비드 레이David Ley는 엄청난 규모의 소비 능력을 지닌 새로운 중산 계층의 인구통계학적 그리고 소비 패턴의 변화가 젠트리피케이션을 일으키는 원동력이 된다고 주장했다.

1960~1970년대 서구사회는 사회적, 경제적 그리고 문화적으로 변혁의 시기였다. 이 시기 영국과 미국을 중심으로 시작된 반문화Counterculture 운동은 미국의 흑인 민권운동, 베트남 반전운동, 여성의 페미니스트 운동, 동물실험 반대운동 같은 전통적 권위에 대한 도전과 새로운 해석으로 발전하였다. 자유분방한 생활 방식을 추구하는 보헤미아니즘이 도래했으며, 기성의 사회 통념이나 제도 가치관을 부정하고, 인간성 회복과 자연으로의 귀의 등을 주장하는 히피의 등장은 새로운 생활양식의 출현을 가능하게 했다. 이러한 변화 과정에서 등장한 새로운 중산 계층은 도시 근교의 생활보다 도심의 '스타일이 있는 삶Stylization of life'을 추구했다. 오래된 도심 지역의 역사성과 건축물이 지닌 미적 가치를 추구하는 이들에게 젠트리피케이션은 자신들이 추구하는 라이프스타일을 가능하게 하는 수단이 되었다.

젠트리피케이션의 발생 원인과 전개 과정은 공급 측면 이론이나 소비 측면 이론 중 어느 한 가지로 설명하기 어렵다. 2015년 서울시가 발표한 「서울시 젠트리피케이션 종합대책」에 나타난 우리나라의 상업 공간 젠트리피케이션의 특성과 피해 과정을 살펴보면 위의 두 이론이 더 쉽게 이해된다.

1단계 상대적으로 임대료가 저렴한 강북의 오래된 골목을 따라 예술가들이 활동하는 공방, 갤러리 등이 생겨나고, 이러한 공간을 따라 독특한 분위기의 카페나 레스토랑 등의 상업 시설이 들어선다.

2단계 오래된 골목길의 상점들이 인기를 얻게 되면서, 유동인구가 급증하고 대형 개발업자들이 진입하기 시작한다.

3단계 부동산 투자가 급증하고 부동산 가격과 임대료가 상승하여 오랫동안 골목길을 지켰던 영세 상인과 원주민 그리고 낡고 좁은 골목길을 트렌디한 핫플레이스로 변화시킨 예술가들이 쫓겨나게 된다.

젠트리피케이션 발생 초기는 소비 측면 이론으로 설명이 가능하다. 1단계에서는 새로운 문화와 가치관을 가진 소수의 선구적 젠트리파이어들이 강북의 낡은 주택을 새로운 공간으로 탈바꿈시키면서 오래된 골목길이 변화하기 시작한다. 이러한 골목길은 남과 다른 소비생활을 추구하는 밀레니얼의 관심을 끌게 되며, 인스타그램이나 페이스북 같은 SNS를 통해 핫플레이스로 알려지게 된다. 오래된 골목길에 젠트리피케이션이 어느 정도 진행되었을 때 나타나는 부동산 개발업자의 진입은 공급 측면 이론의 임대료 격차 이론으로 설명된다. 임대료의 격차가 충분히 벌어졌을 때, 이윤을 창출하려는 투자자에 의해서 원주민과 영세상인뿐 아니라 선구적 젠트리파이어의 비자발적 이주가 시작된다.

『서울, 젠트리피케이션을 말하다』를 편집한 성공회대학교 이기웅 교수는 우리나라에서 발생하는 젠트리피케이션의 원인을 수요 요인, 투자 요인, 문화 요인 그리고 정책 요인 등 네 가지 부정적인 요인으로 구분해 설명했다. 첫 번째, 수요 요인은 1990년대 말 발생한 아시아 경제 위기 이후 우리 사회에 나타난 대규모 정리해고와 고용 축소로 인한 자영업자의 증가다. 두 번째, 투자 요인은 2000년대 말 발생한 글로벌 경제 위기로 서울시 뉴타운 정책의 실패는 구도심의 상가 건물로 유휴자본을 집중시켰고, 상가 건물의 수익성이 증가함에 따라 상가 건물에 대한 투자가 지속하고 있다. 세 번째 문화 요인은 청년 창업자들의 세련된 취향이 반영된 구도심의 오래된 골목길의 독특한 상점들이다. 마지막으로 네 번째, 정책 요인은 정부의 도시재생 정책으로 도심의 관광지화를 촉진해 젠트리피케이션을 유도하는 것으로 나타났다.

우리나라에서 두드러지게 나타나는 주거지역의 상업적 젠트리피케이션 현상은 도시를 점점 더 소비의 공간으로 만들고 있다. 상업적 젠트리피케이션이 갖는 취약점은 오늘날 최대 소비 계층으로 부상한 밀레니얼의 소비 행태에 의존해야 한다는 것이다. 강북의 낡고 좁은 골목길을 핫플레이스로 변화시킨 이들은 누구보다 앞서 있는 문화 소비 집단이다. 밀레니얼의 등장으로 서울이라는 도시 공간에 즐거운 변화가 일어나고 있다. 획일적이던 도시 공간이 좀 더 풍요롭고 다양하게 변화하고 있다. 그러나 이와 동시에 남과 다른, 늘 새로운 것을 찾아 헤매는 새로운 소비 계층의 요구에 따라 도시 공간이 일회용품처럼 소모될 위험이 있다. 소설가 김사과는 〈프레시안〉에 기고한 글에서 "(최신 유행의 자본주의를 소비하는 젊은) 힙스터들은 삶의 모든 영역을 소비자로서 대한다. 즉, 자신을 표현해 줄 '힙'한 품목을 마치 백화점의 구매 담당자처럼 진지하고 열정적으로 모으는 데 삶을 소비한다. 그리고 그것이 다른 사람들에게 발견된 순간 깜짝 놀라 도망치듯이 다음 품목으로 옮겨간다"고 했다.

서울의 핫플레이스는 홍대에서 연남동, 상수동으로, 이태원의 중심에서 경리단길로 그리고 해방촌으로 빠르게 이동하고 있다. 이러한 이동이 반드시 임대료 상승 때문은 아니다. 핫플레이스의 빠른 이동은, "경리단길은 이제 더 이상 핫하지 않아. …… 해방촌 골목길로 가야지. 요즘 뜨는 곳은 어디지?"라며 SNS를 검색하고 새롭게 뜨는 골목길의 핫플레이스를 찾아 헤매는, 도시 공간을 소모품처럼 취급하는 밀레니얼의 소비 행태에 기인한다.

0
4

골목길의 변화는 '누구'에 의해서 일어나는가?

'젠트리파이어'는 젠트리피케이션을 일으키는 사람이란 뜻이다. 이들은 쇠퇴했던 구도심을 이국적이고 특색있는 장소로 탈바꿈시켜 활기를 잃었던 공간을 사회적, 경제적, 문화적으로 활성화하는 능력을 지닌 새로운 계층이다.

젠트리피케이션의 발생 원인을 소비 측면에서 설명한 인문지리학자인 데이비드 레이는 후기 산업사회에서 등장한 새로운 계층인 젠트리파이어가 일반 중산 계층과 구분되는 특징이 있다는 점을 지적하고, 이들을 '문화적 신계층The cultural new class'이라 칭했다. 문화적 신계층자들은 높은 교육 수준을 가졌으며, 예술, 미디어, 교육, 사회 서비스나 비영리단체에 종사하는 전문가 집단이다. 이들은 일반 중산 계층과 달리 도시 근교가 아니라 구도심 지역에 재정착하며, 반문화와 진보적인 정치 성향을 지닌다. 젠트리피케이션을 '공간적 그리고 사회적으로 구별되는 과정A process of spatial and social differentiation'이라고 정의한 뉴욕시립대 샤론 주킨Sharon Zukin 교수 역시 서비스 산업의 발달로 인해 나타나는 새로운 사회 계층인 젠트리파이어에 주목하고, 다른 중산 계층과 구별되어 나타나는 이들의 공간적, 사회적 행위를 연구했다.

루스 글래스가 젠트리피케이션이라는 용어를 처음 사용할 당시, 쇠퇴한 구도심에서는 소규모의 민간자본이 재투자되어 주택시장과 사회 계층의 변화가 시작되었다. 이러한 변화는 쇠퇴한 구도심 가운데에서 아주 선별적으로 일어났는데, 특히 '역사성'이 높은 지역에서 두드러지게 나타났다.

쇠퇴한 구도심으로 이주한 새로운 계층인 젠트리파이어들은 처음에는 19세기 산업혁명이 일어났던 시기의 빅토리아 양식의 건축물을 복원했다. 그리고 시간이 지남에 따라 점차 다른 건축양식, 예를 들면 신조지언Neo-Georgian 스타일 혹은 에드워디언Edwardian 스타일의 건축물도 복원했다. 이러한 관심은 점차 확대되어 브라운스톤Brownstone, 레드브릭Redbrick, 혹은 공장 건물을 주거용으로 개조하기도 했다.

누구보다 앞선 문화 소비 계층인 젠트리파이어에게 중요한 것은 쇠퇴한 구도심의 노후한 건물을 세련되게 복원하는 것뿐 아니라, 자신들이 거주하는 지역에서 그들이 선호하는 문화 소비 생활이 가능하게 하는 것이다. 그들은 자신들이 일하는 도심의 워크플레이스Workplace에서 가까운 지역에 위치한 비교적 저렴한 주택에 거주하면서 문화적으로 풍부한 어메니티를 즐기기를 원한다. 그렇기 때문에 젠트리파이어가 이주한 쇠퇴한 구도심 지역에는 트렌디한 레스토랑과 쇼핑, 엔터테인먼트를 위한 장소들이 급격하

런던 이즐링턴 지역의 카페 거리

게 늘어난다.

젠트리피케이션이 진행되면서 젠트리파이어 자체도 변화하는데, 젠트리피케이션의 초기 단계에는 아티스트, 작가, 음악가, 정치 활동가 혹은 LGBTLesbian Gay, Bisexual and Transgender 커뮤니티 등이 젠트리피케이션의 주요한 행위자다. 이들은 대부분 서비스 산업에 종사하는 자영업자들이며, 독신이거나 아이가 없는 젊은 커플들이다. 따라서 일반적인 중산 계층과 비교해 시간적 여유가 있으며, 아이들의 학교 문제나 주거지역의 안전 문제에 대해서 그다지 민감하지 않기 때문에 위험을 무릅쓰고 노동자 계층 지역으로 이주해 주거환경의 개선을 시도할 수 있는 소수의 선구자 집단이다. 마크 홀콤Mark Holcomb과 로버트 뷰리가드Robert Beauregard는 젠트리파이어를 "저렴한 주택 가격을 선호하며, 인습에 얽매이지 않는 라이프스타일에 관대한 집단Those who are attracted by low prices and toleration of an unconventional lifestyle"으로 표현했다.

젠트리피케이션의 과도기 단계에는 보헤미안 기질의 공동체가 형성된 지역에 매료된 진보적인 정치 성향의 저널리스트, 교육자 등이 이주하고, 말기 단계에는 초기 단계와 과도기 단계보다 부유한 고소득 전문가와 관리 계층인 '여피Yuppie'들이 거주하기 시작한다.

젠트리피케이션 말기 단계에는 주택과 토지의 임대료와 매매 가격이 급격하게 상승하여 원주민뿐 아니라 초기 단계 젠트리파이어의 이주가 시작된다. 샤론 주킨은 젠트리피케이션의 진행 단계별로 나타난 젠트리파이어의 변화를 깊이 있게 연구했다. 그녀는 뉴욕 맨해튼 소호 지역에 나타난 젠트리피케이션의 진행 과정을 1960년대부터 살펴보고 소호 지역의 젠트리피케이션을 일으킨 초기 젠트리파이어인 예술가들과 히피들이 젠트리피케이션이 진행됨에 따라 쫓겨나게 되는 과정을 자세히 묘사했다.

원주민과 초기 젠트리파이어의 비자발적 이주와 관련해 비판받았던 젠트리피케이션은 2000년대 이후 토론토 대학교 리처드 플로리다Richard Florida 교수의 창조 계급 이론을 바탕으로 재평가되고 있다. 창조 계급 이론이 도시의 경쟁력을 회복하고 도시의 이미지를 새롭게 하려는 세계 주요 도시의 열렬한 환영을 받으면서, 젠트리피케이션이 오히려 경쟁력 있는 도시에서 나타나는 현상으로 재인식되고 있다.

톰 슬레이터Tom Slater 교수는 다소 부정적이던 젠트리피케이션의 이미지가 "낙후됐던 도시 공간에 '창조성'을 불어넣는 힙하고 보헤미안적이며, 카페와 갤러리, 자동차가 아닌 자전거를 주로 이용하는 쿨하고 예술적인 젊은이들이 모이는 장소에 대한 이미지 The image of hip, bohemian, cool, arty tribes who occupy the cafes, galleries and cycle paths of formerly disinvested neighbourhoods once lacking in 'creatity', is increasingly seen as a sign of a healthy economomic present and future for cities across the globe"(2006, p.738)로 받아들여졌다고 했다.

우리나라에서는 젠트리피케이션 현상을 상당히 부정적으로 인식하며 젠트리파이어를 쇠퇴한 구도심의 골목 상권에 활력을 넣는 '로컬 크리에이터'나 '새로운 소상공인 영웅들'이라는 말로 표현하는 한편, 젠트리피케이션의 피해자로도 조명하고 있다. 하지만 아직 이들이 누구인지 우리는 제대로 알지 못한다. 오랜 시간 잊혔던, 아무도 관심 두지 않았던 강북의 낡은 골목길을 생기 넘치게 하는 한국의 젠트리파이어는 누구인가? '문화자본가' 또는 '창조 계층'으로 불리는 이들은 우리 사회의 일반 계층과 어떻게 구별될까?

PART

02

이태원 골목길의 변화

01

서울의 세계화, 탈산업화 그리고 골목길의 변화

02

문화적 신계층 vs 로컬 크리에이터

03

언제부터였을까, 이태원이 핫플레이스로 변한 것은

04

흔들리는 이태원 골목길 그리고 젠트리피케이션

BERMU

0
1

서울의 세계화, 탈산업화 그리고 골목길의 변화

이태원이라는 공간에 나타난 변화는 거대 도시Mega city로 성장한 서울이 경험한 역동적인 정치적, 사회적 그리고 경제적 성장 과정과 관련 있다. 이러한 성장 과정을 통해 서울은 세계도시로 변화했고, 다양한 인종, 문화, 민족적 배경을 가진 외국인이 정착해 정보와 자본의 국제적인 교류가 이뤄지고 있다.

체류 외국인 등록인구를 살펴보면, 서울에서 활동하는 외국인 수가 1995년 약 4만 5,000명에서 2010년 약 26만 명으로 거의 여섯 배나 증가했으며, 2010년 전체 등록인구의 2.5%를 차지하고 있다. 또한 점점 더 많은 내국인이 여행이나 유학 등을 통해 풍부한 해외 경험을 갖게 되었다. 한국관광통계에 따르면, 내국인 출국자 수는 1990년 약 1백만 6,000명에서 2016년 약 2,200만 명으로 열네 배 이상 증가했다.

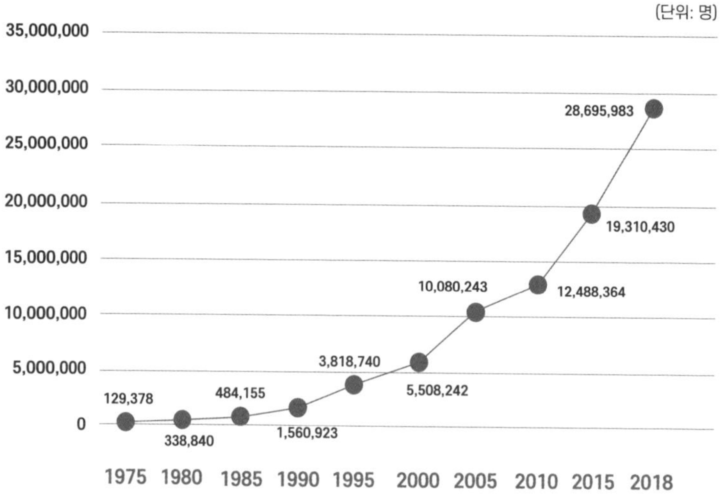

연도별 내국인 출국자 수(1975~2018)
(출처: 한국관광공사)

서울의 세계화는 도시의 내밀한 공간에도 변화를 가져왔다. 도시 공간의 변화는 세계화의 영향으로 문화적 자본을 획득한 행위자들, 이른바 '글로벌 엘리트Global Elite'의 활동과 실천에 의해 이뤄진다. 사회학자인 알레한드로 포르테스Alejandro Portes 교수에 따르면 세계화가 진행됨에 따라 이러한 글로벌 엘리트의 수도 점점 더 늘어난다고 한다. 글로벌 엘리트는 국경을 자유롭게 넘나드는 외국인이나 한국인으로 풍부한 해외 경험을 지닌 문화적 자본가다. 이들은 대부분 두 가지 이상의 언어를 사용하고, 국경을 넘나들며 이중생활을 하거나 직장 혹은 개인적인 이유로 해외 출장과 여행을 빈번하게 하는 사람들이다.

글로벌 엘리트가 서울의 곳곳에 다양한 문화를 포용하고 확산하는 창조적 공간을 형성하는데, 이러한 공간은 종종 젠트리피케이션 현상과 관련 있다. 메튜 로페Matthew W. Rofe, 데이비드 레이, 사론 주킨 같은 젠트리피케이션 해외 연구자들뿐 아니라 강유가람, 신현준, 윤혜수 등 우리나라 연구자들도 이미 젠트리파이어의 글로벌한 경험과 이국적 취향을 언급했다. 윤혜수는 연남동의 젠트리피케이션 현상을 연구한 논문에서 "서울에서 이국적 성격이 가장 두드러지는 지역은 이태원으로 꼽히지만, '글로벌함'은 기타 젠트리피케이션 지역의 공통적 특징으로 지목되며 연남동에서도 유사한 경향이 확인된다"(2017, 70쪽)고 밝혔다.

세계화와 함께 등장한 글로벌 엘리트의 움직임은 '세계도시Global City 이론'에 대한 대안적 인식론인 '초국가주의 이론Transnationalism'에 기반해 설명할 수 있다. 세계도시 이론은 특정한 경제적 행위자들의 활동이나 글로벌 자본주의 구조에 의해 세계화가 진행된다고 간주해, 실제 도시에서 다양한 행위자들로 인해 나타나는 복잡한 세계화의 과정을 간과했다고 비판받는다. 이에 반해 초국가주의 이론은 일상생활에서 행위자Human agency의 활동에 초점을 맞추었다. 즉 초국가적 자본이나 초국가적 정치행정기구 같은 '위로부터' 강력한 외부적 힘을 통해 세계화가 일방적으로 이뤄져 세계도시로 발달하는 도시들이 모두 비슷한 사회, 정치, 문화적 특성을 지니는 것이 아니라, 외국인 이주자나 일반 대중 같은 '아래로부터' 활동에 의해 도시별로 세계화가 다채롭게 진행된다는 관점이다. 따라서 초국가주의 이론의 주요 연구대상은 한 국가 이상의 범위에서 작동하는 다양한 행위자들의 일상적 활동과 실천이다. 이에 대한 대표적인 예는 외국인 이주자들로, 이들은 바슈Basch, 실러Schiller, 잔텐 블랑크Szanton-Blanc가 말한 바와 같이 한 국가 이상에서 활동하는 초국가적 행위자들이다.

초국가주의는 외국인 이주자들의 일상생활과 이들이 지닌 사회, 경제, 정치적인 관계 등을 통해 형성되는 초국가적 사회적 연결망에 집중한다. 그리고 행위자들의 초국가적 활동은 지역과의 상호작용을 통해 이뤄지기 때문에 이 과정에서 지역의 의미 혹은 지역의 특성을 나타내는 로컬리티는 매우 중요한 의미가 있다. 닐 스미스는 행위자들의 초국가적 실천이 전 지구 모든 곳에서 발생하는 것이 아니라, 이들의 이동과 활동 및 실천의 흐름이 접합하는 아주 특정한 지리적 공간에서 나타난다는 점에 주목했다.

우리 사회의 새로운 도시 현상인 젠트리피케이션 역시 세계화로 인해 새롭게 등장한 초국가적 행위자의 등장과 그들의 다양한 활동 때문에 나타나는 장소성의 변화와 관련이 있다. 세계화의 영향으로 문화적 자본을 획득한 초국가적 행위자인 글로벌 엘리트 계층이 추구하는 차별화된 소비 행태로 인해, 이들의 수요를 충족하려는 독창적인 상점들이 특정 장소에 생겨나면서 장소성의 변화가 일어났다.

1990년대 중반 무렵 홍대에서 시작된 이러한 장소성의 변화는 2000년대 중반 이후 급속하게 증가했다. 서울에서 젠트리피케이션이 활발하게 일어나는, 핫플레이스로 주목받는 공간인 이태원, 연남동, 성수동, 익선동 등은 국가를 초월한 글로벌 엘리트들의 움직임이 접합하는 곳이다.

서울의 핫플레이스가 갖는 특징은 이국적 취향의 카페, 레스토랑, 바 혹은 디자이너 부티크, 갤러리 같은 중산층 이상의 소비자를 위한 상품과 서비스를 제공한다는 점이다. 이러한 공간은 대부분 선구적 젠트리파이어인 글로벌 엘리트들이 해외에서 자신이 즐겨 찾던 카페, 혹은 레스토랑의 이미지를 재현한 것으로, 독특한 상점 분위기는 탈산업화 시대에 새롭게 등장한 소비자 계층인 밀레니얼의 수요를 충족한다.

서울이라는 도시 공간에 나타난 젠트리피케이션 현상은 이 도시가 지난 50년 동안 경험한 압축된 양적 성장과 2000년대 이후부터 급격하게 나타나기 시작한 세계화와 탈산업화와 관련이 있다. 서구사회에서는 1970년대 이후 도심 지역에서 나타나는 젠트리피케이션의 발생 원인을 도시의 산업과 직업 구조 변화와 관련해 설명했다.

2000년부터 2014년까지 15년간 서울의 산업 구조 변화를 살펴보면, 콘텐츠 제작 및 서비스와 관련한 사업체 또는 종사자가 급격하게 늘어났다. 대표적인 업종인 '출판 영상 방송통신 및 정보서비스업'은 종사자 수가 748%나 증가했고, 사업체 수는 무려 1,156% 증가했다. 또한 '전문 과학 및 기술 서비스업'은 사업체 수 83%, 종사자 수는 151%가 증가했다. 반면 서울의 압축된 양적 성장을 이끌었던 제조업의 규모는 현저히 줄었다.

서울은 전 세계 어떤 도시보다 아주 빠르게 변화하고 있다. 사회, 문화적인 변화 속도 또한 매우 빠르다. 서울의 핫플레이스들을 만들어내는 원동력은 베이비붐 세대나 X세대와 구별되는, 탈산업화 시대에 등장한 밀레니얼과 Z세대가 보여주는 독특한 소비 패턴의 변화에서 찾을 수 있다.

서구사회가 1960~1970년대에 경험했던 문화적인 변혁의 시기—도시 근교의 생활보다 도심의 '스타일이 있는 삶'을 추구하는 젠트리파이어를 출현하게 했던—그 변화의 중심에 지금 우리가, 이태원의 후미진 골목길이 그리고 거대 도시 서울이 서 있는 것이 아닐까?

0
2

문화적 신계층
vs
로컬 크리에이터

053 데이비드 레이는 쇠퇴한 구도심의 특정 공간을 변화시키는 젠트리파이어를 '문화적 신계층'이라 일컬은 바 있다. 그는 젠트리파이어가 풍부한 문화자본을 소유하고 있으며, 일반 중산 계층과 구별되는 독특한 취향을 갖고 있다는 점에 주목했다.

젠트리파이어는 리처드 플로리다 교수가 도시의 경쟁력과 창조도시 건설을 위해 반드시 필요하다고 강조한 인적 자본인 창조계층과 많은 유사성을 보인다. 상상력과 열정 그리고 창조자본을 소유한 창조 계층은 산업사회 전통적인 공동체의 거점 지역을 벗어나 더욱더 새로운 창조적 장소로 이동했다. 이러한 새로운 장소는 창조 계층이 밀집된 지역으로 예술적, 문화적 그리고 기술적인 번성을 통해 고용 창출, 인구의 증가를 가져오며 더 나아가 도시의 경쟁력을 높인다.

창조 계층과 문화적 신계층인 젠트리파이어, 두 집단 모두 무엇보다 자기 자신을 표현하는 데 적극적이다. 이 두 집단은 개성을 선호하고, 다양성과 개방성을 추구하는 집단으로 '창조적인' 일을 통해 경제적 이윤을 창출한다. 선구적 젠트리파이어는 창조 계층의 세 가지 유형—핵심 창조 계층, 창조적 전문가, 보헤미안—가운데 작가, 디자이너, 배우 같은 문화, 예술가 집단으로 구성된 보헤미안 유형에 속한다.

서구사회에서는 예술가와 젠트리피케이션의 연관성에 관한 연구가 꾸준히 이뤄지고 있다. 미국의 국가예술기금The National Endowment for the Arts, NEA에서는 1970년대에 이미 미국의 대도시를 대상으로 한 실증적인 연구를 했다. 이 연구에 따르면 예술가의 거주 비율이 높은 도시일수록 젠트리피케이션의 발생 비율이 더 높은 것으로 나타났다. 초창기 연구에서는 예술가를 젠트리피케이션의 직접적 행위자로 보는 시각이 지배적이었다. 그러나 최근에는 예술가가 젠트리피케이션을 일으키는 것이 아니라 젠트리피케이션이 일어나는 장소에 예술가가 모여드는 것으로, 젠트리피케이션이 일어나는 장소에 예술가의 거주 비율이 높은 것을 젠트리피케이션의 결과로 인식한다.

주거시설이 카페나 레스토랑 혹은 부티크 등의 상업 시설로 건축물의 용도가 바뀌는 주거지역의 상업적 젠트리피케이션이 대부분인 우리나라에서 대표적인 젠트리파이어들은 바로 새로운 소상공인 계층이다. 이들은 강북 도심의 오래된 골목길의 낡은 주택을 개조해 이국적이고 특색 있는 장소로 탈바꿈시킴으로써 활기를 잃었던 공간을 사회적, 경제적, 문화적으로 활성화했다.

우리나라 젠트리파이어의 특징은 비록 제한된 경제적 자본을 소유했지만, 풍부한 해외 경험, 높은 교육 수준, 좋은 집안 환경 등을 통해 축적된 문화예술과의 친밀성을 지닌 문화자본가 집단이라는 점이다. 이들은 자신들이 지닌 다양한 문화예술 활동을 경제 활동에 반영해 장소성의 변화를 일으키는 예술가인 동시에 사업가이며, 상대적으로 낮은 사회적, 경제적, 문화적(교육) 수준으로 특징지어지는 전통적인 소상공인 계층과 구별되는 새로운 소상공인 계층이다.

우리나라 상업적 젠트리피케이션의 직접적 행위자이며, 문화적 자본가 집단인 새로운 소상공인 계층은 프랑스의 사회학자 피에르 부르디외Pierre Bourdieu의 계급 이론으로 설명할 수 있다. 그는 마르크스와 달리 자본을 경제적 차원에만 국한하지 않고 문화자본, 사회관계자본 그리고 상징자본으로 나눠 이들을 사회적 경쟁에서 의식적 혹은 무의식적으로 사용할 수 있는 도구로 간주했다. 부르디외는 문화자본을 세 가지 형태로 구분했는데, 첫째는 가족의 경제적 여건에 바탕을 둔 것으로 지식, 교양, 기능, 취미, 감성 같은 유기체의 지속적 성향의 형태다. 둘째는 그림이나 책, 혹은 사진 같은 문화적인 상품이 객체화된 형태이며, 셋째는 학교의 졸업장 같은 제도화된 형태로 존재한다. 부르디외의 사회관계자본은 사회의 연결망 속에 존재하는 잠재적 자본으로 사회에서의 친분관계를 의미하며, 상징자본은 경제자본과 문화자본 그리고 사회관계자본이 합쳐져 형성된 것으로 사회적 명성이나 명예 등이다.

부르디외는 『구별 짓기: 문화와 취향의 사회학La Distinction: Critique Sociale du jugement』에서 1970년대 프랑스 사회에서 발견되는 '성격이 애매한 직업'에 대해서 언급하는데, 이 애매한 성격의

한남동의 낡은 주택을 개조한 독특한 외관의 의류점

직업은 오늘날 우리 사회에서 부상하는 새로운 소상공인 계층의 경제 활동과 매우 유사하다. "기성복 '부티크'의 경영자, '유명 메이커' 옷을 싸게 파는 의류점, 이국적인 옷, 액세서리나 민예품을 파는 상인, 레코드점, 골동품점, 실내장식가, 디자이너, 사진가, 혹은 레스토랑 경영자나 카페 경영자, 지방의 도시상(학교를 나온 뒤에도 학생 생활의 특징인 오락과 일을 혼동하는 상태에서 전투적 태도와 도락적 태도를 계속 구별하지 못하는) 아방가르드적 서적상 등 문화적 재화와 서비스 판매자들은 모두 성격이 애매한 직업을 문화자본에 대한 최대 이익을 되돌려 받는 수단으로 이용한다."(2005, 262쪽)

이들의 판매 성공은 상품의 질이나 성격만큼이나 판매자와 상품의 미묘한 차별화에 따라 좌우되며, 지배 계급 문화와의 친밀성(사회관계자본)과 다른 사람과는 구별된다는 점(문화자본)을 과시할 수 있는 기호나 표식을 마음껏 사용할 수 있는 능력을 강조했다. 부르디외는 또한 새로운 소상공인 계층인 신흥 프티부르주아지가 보유한 성향은 파리에서만 완전히 실현된다는 점을 강조했는데, 이는 파리라는 도시가 "보다 집중적인 문화상품의 공급이나 문화적으로 혜택 받은 집단과의 접촉에서 얻는 소속감 및 유인과 같은 문화적 가치의 중심지"(위의 책, 264쪽)에 가까이 있기 때문이라고 했다.

우리 사회의 젠트리피케이션을 살펴보면, 부르디외가 1970년대 관찰한 신흥 프티부르주아지의 파리 활동과 마찬가지로 새로운 소상공인 계층 또한 서울을 중심으로 도심에서도 아주 특정한 공간에 밀집해 있다. 결국 오늘날 서울의 핫플레이스들이, 매끈한 빌딩들이 줄지어 선 강남 지역이 아니라 강북의 오래되고 낡고 후미진 골목에 위치한 것은 전통적 가치를 거부하는, 남과 다른 생산과 소비 활동을 지향하는 새로운 사회 계층들이 공유하는 문화의 중심에 서고자 한 우리 사회의 신흥 프티부르주아지의 욕망에 기인한 셈이다.

0
3

언제부터였을까, 이태원이 핫플레이스로 변한 것은

059 이태원이라는 서울의 가장 이국적인 공간을 처음 경험한 것은 1991년이었다. 대학교에 막 입학한 신입생이던 나는 짝퉁 가방을 사러 이태원에 간다는 같은 과 동기의 말에 오후 수업도 빼먹고 따라나섰고, 외국 영화에 나올 것 같은 이국적인 거리를 상상했는데 이태원의 허름한 거리에 몹시 실망했다.

매끈매끈한 건축물이 줄지어 들어선 단정하고 반듯한 강남의 쇼핑가에 익숙한 X세대였던 나에게 이태원 거리는 정돈되지 않은, 산만하고 어지러운 모습으로 보일 뿐이었다. 길거리에는 멋진 외국인 대신 루이뷔통, 구찌, 샤넬, 프라다를 외치는 '삐끼'들로 가득했다. 동기는 좋은 물건이 있다며 팔을 붙잡는 삐끼들을 물리치며 익숙한 듯 이태원의 좁은 골목 계단을 내려갔다.

그녀는 짝퉁에도 급이 있다며, 어리둥절해하는 나를 이끌고 골목 안쪽의 한 작은 가게로 들어섰다. 그 가게에는 동기의 말처럼

'A급' 짝퉁 가방들이 도열해 있었다. 주인아저씨는 가방을 열어 구석구석 세세히 보여주며 보증서도 있다고 귀띔했다. 그후에도 나는 그 동기를 따라 재미 삼아 짝퉁 가방과 신발을 구경하러 이태원을 드나들곤 했다. 1990년대의 이태원은 그렇게 나에게 재미있는 쇼핑을 하기 위해 가는 곳이었고, 다른 패스트푸드점보다 고기 패티가 훨씬 두껍고 맛있다는 이태원 초입에 위치한 버거킹의 치즈버거를 먹기 위해 향하는 곳이었다.

그러나 당시 이태원 상권은 급격하게 위축되어 있었다. 1990년대에 들어서면서 외제 상품 모조품에 대한 정부의 단속과 '범죄와의 전쟁' 등으로 인해 1980년대 하루 평균 1만 5,000명이던 이용객 수가 2,500명으로 80%나 감소한 상황이었다. 이태원에서 유흥을 즐기던 외국인들은 강남이나 신촌 그리고 홍대 지역의 클럽이나 바로 옮겨갔다.

이태원의 위축된 상권을 살리고자 정부는 1997년 이태원을 관광특구로 지정했지만, 프롤로그에서 언급했듯, 바가지 요금 등으로 외국인 쇼핑객을 동대문 상권에 빼앗겼다. 더구나 1997년 내가 치즈버거를 즐겨 먹던 버거킹에서 미국인에 의해 한국인 대학생이 살해당하는 충격적인 사건이 발생했다. 그 이후 나는 2001년 영국으로 유학을 떠나기 전까지 이태원에 가지 않았다. 나에게 이태원이란 '위험한 곳' '보호받을 수 없는 곳'이라는 각인이 새겨졌다.

실제로 1991년부터 2000년까지 2,384건의 기사를 대상으로 분석한 결과 이태원 관련 키워드는 범죄, 관광특구, 외국인들과 여종업원 살인사건과 관련된 매카시 상병 등으로 나타났다.

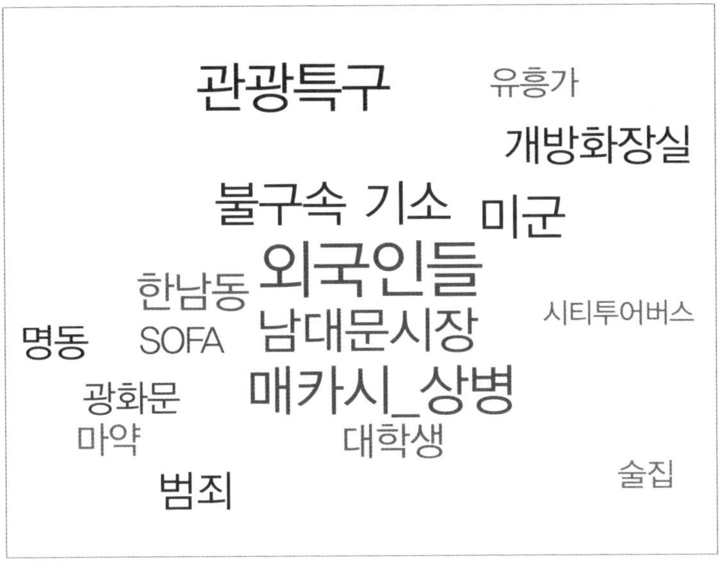

1991년부터 2000년까지 이태원과 관련한 키워드 분석 결과

이태원은 서울의 어떤 지역과도 비교할 수 없는 독특한 역사적 배경을 가지고 있다. 1945년 미군부대 주둔과 함께 자생적으로 발생한 휴식과 유흥을 위한 기지촌은 다양한 국적의 외국인이 거주하고 활동하는 서울에서 가장 이국적인 공간이 되었다. 이태원이 속한 용산구는 2000년대 초반까지 서울시에서 외국인이 가장 많이 거주하는 지역이었으며, 용산구에 속한 이태원1·2동, 한남동, 서빙고동 그리고 이촌1동은 거주 외국인 수가 600명 이상인 동네다.

비록 2000년대 중반부터 한국계 중국인이 대거 유입되면서 서울에서 외국인이 가장 많이 거주하는 동네가 용산구에서 영등포구와 구로구 지역으로 바뀌었지만, 가장 다양한 국적의 외국인이

서울시 자치구별 등록 외국인 변화 추이
(출처: 서울시열린문광장)

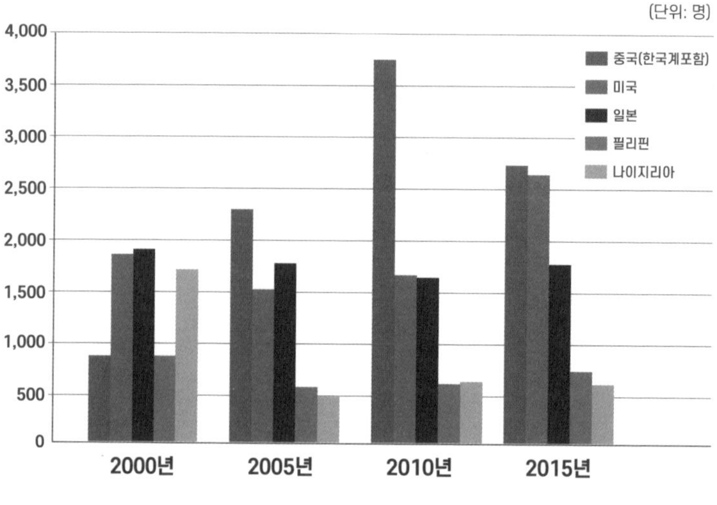

용산구 국적별 등록 외국인 수(2000~2015년)
(출처: 용산구청)

거주하는 지역은 여전히 용산구다. 영등포구와 구로구에는 중국인이 외국인의 90%를 차지하는 반면, 용산구에는 미국인, 러시아인, 나이지리아인, 파키스탄인, 필리핀인, 일본인, 중국인, 동남아인 등 여러 국적의 외국인이 동고동락하고 있다.

지금도 부촌으로 꼽히는 이태원 지역은 1960년대부터 외국인 전용 고급 주택과 아파트, 각국의 대사관 건물이 들어섰다. 1970년대에는 우리나라 정부의 보세 제품 수출정책과 섬유산업의 호황으로 이태원은 값싸고 특색 있는 보세품을 살 수 있는 쇼핑가로 발달했다. 이후 이태원 일대에는 양복점, 신발가게, 보세점 등이 생겨났고, 그 뒷골목에는 가내 수공업 공장들이 속속 들어섰다.

1980년대에는 외제 상품 모조품과 수출 누락품 등을 저렴한 가격으로 판매했고, 86아시안게임, 88서울올림픽을 치르는 동안 많은 외국인이 이태원을 방문하면서 최대 호황기를 누렸다. 이태원은 쇼핑뿐 아니라 밤문화를 즐길 수 있는 유흥 관광지로도 유명했는데, 외국인을 상대로 한 영업시간에 제한이 없었던 클럽이나 바에 점차 한국인들도 많이 찾기 시작했다. 당시 미국 문화를 동경한 한국인들은 이태원을 찾아 트렌디한 음악, 패션, 춤 등을 흡수하고 모방했다.

그러나 1990년대 들어 기존 상권이 축소되고 주한 미군의 발길이 줄어들자 이태원의 문화도 바뀌기 시작했다. 가장 큰 변화는 이태원에 유입되기 시작한 새로운 행위자들, 성소수자의 등장이다. 성에 대한 보수적 시각이 지배적인 한국사회에서 성소수자는 고정된 질서를 거부하는 자유로운 분위기의 이태원에 자신들만의 공간을 형성하기 시작했고, 이후 온라인 커뮤니티의 활성화로 더 많은 성소수자가 몰려들었다. 이태원에는 일찍부터 성소수자들이 존재했으나, 이들이 출입하는 업소가 그다지 많지 않았고 정부의 단속으로 오랫동안 영업할 수 없었다. 1989년 당시 4~5곳에 불과하던 게이클럽이 2000년에는 약 30곳으로 늘었는데, 주로 이

보광동 골목길

태원 소방서 뒷골목 주변에 분포한다.

이태원 골목에 들어선 또 다른 이주민은 산업 연수제를 통해 국내에 유입된 이주노동자들이다. 이들은 주로 아시아와 아프리카 등지에서 온 외국인들로 다양한 국적과 계층이 분포하며, 다른 지역보다 상대적으로 임대료가 저렴한 이태원로 남쪽의 이태원1동과 보광동 일대의 오래된 주거 불량 지역에 정착하기 시작했다. 1990년대의 이태원은 비록 사람들의 관심에서 멀어졌지만, 미국 문화가 지배적이던 서울의 이국적인 공간은 점점 더 다국적, 다민족적, 다정체성의 정서가 수용되고 교감되는 문화 공간으로 변모했다.

2016년 다시 마주한 이태원은 1991년 처음 만났던 이태원과 달랐다. 거리는 여전히 정돈되지 않은 채 산만하고 어지러운 모습이었지만, 더는 짝퉁 패션 아이템을 파는 동네가 아니었다. 1997년 한국인 대학생 살인사건으로 사회를 놀라게 했던 (이태원 초입에 위치했던) 버거킹은 사라지고, 그 부근에 '더버뮤다The Bermuda'라는 칵테일 바와 재미교포가 운영하는 브런치 레스토랑 '수지스Suji's'가 성업 중이었다. 이태원의 비좁은 골목 구석구석에도 이국적이고 독특한 카페나 레스토랑으로 생기가 넘쳤다. 1990년대의 침체되고 위축된 모습은 찾을 수가 없었다. 나는 마치 한 번도 가본 적 없던 새로운 여행지에 온 듯 이태원의 골목을 탐색했다.

이태원에 도.대.체

무슨 일이 생긴 걸까?

1990년대 이태원 상권이 침체되

자, 사람들은 이곳을 빠져나가기 시작했다. 자연스럽게 빈 점포와 집들이 늘어갔다. 그러나 2000년대 초부터 내국인이 빠져나간 이태원의 빈자리를 다양한 국적의 외국인들이 채우기 시작했다. 미국과 유럽뿐 아니라 아시아와 아프리카 등지에서 온 외국인들이 운영하는 레스토랑과 이전까지 국내에서 찾기 힘들었던 외국의 식자재 상점까지 등장했다. 상대적으로 임대료가 저렴한 이태원에서 사업을 시작하는 내국인도 점차 늘었다.

2007년 12월 〈한겨레21〉 특집 기사는 이태원에 증가하는 다국적 레스토랑에 관한 내용을 다음과 같이 묘사했다.

> 오래된 이슬람 식당인 모굴의 얼굴이 요즘엔 환하다. …… 모굴의 간판은 이 거리의 활력을 상징한다. 모굴을 중심으로 좌우에는 어느새 서울의 명물로 떠오른 식당이 줄지어 늘어섰다. 음식의 국적만 보아도 중국, 인도, 중동은 기본에 이탈리아, 프랑스는 물론 그리스, 벨기에, 심지어 불가리안 레스토랑까지 있다. 음식점마다 인테리어에 개성도 넘친다.(〈한겨레21〉 제690호)

2000년대 중반 이태원에 나타난 또 다른 변화는 다국적 문화를 즐기는 내국인 수가 늘었다는 점이다. 앞서 언급한 기사에서 변화된 이태원의 풍경에 대해 다음과 같이 언급하기도 했다.

> 그러나 이곳이 외국인 중심의 거리는 아니다. 오히려 이 거리는 한국인도 가고 싶어 하는 이태원으로 변화를 상징

이태원 초입에 위치한 칵테일 바 더버뮤다

> 한다. …… 예전에는 외국인이 외국인을 상대로 운영하는 외국식당이 많았으나 이제는 한국인이 운영하고 외국인과 한국인이 모두 오는 음식점이 늘었다.

2005년부터 이태원에서 옷가게를 운영해 온 L씨는 이태원의 변화를 브런치 카페 '수지스'가 유명세를 타면서부터라고 확언했다. 우리나라에서 '브런치'는 왜 갑자기 인기를 얻었을까? 2011년 압구정동에서 이태원으로 이사한 30대 중반의 이태원 주민 K씨는 당시 우리나라에서는 다소 생소했던 단어 브런치가 2000년대 후반부터 유행하기 시작한 데에는, 뉴욕을 배경으로 한 미국의 인기 드라마 〈섹스 앤 더 시티Sex and the City〉에 등장하는 네 명의 독신녀들이 토요일마다 즐기는 브런치 문화를 모방하고 싶은 심리적 요인이 크게 작용했다고 넌지시 고백했다.

2015년 〈중앙일보〉에서도 수지스 레스토랑을 소개하면서 K씨와 유사한 내용을 기사에서 밝혔다.

> 2000년대 중반, TV 속 '그녀들'은 정말 매력적이었다. 〈섹스 앤 더 시티〉의 주인공 캐리, 사만다, 미란다, 샬롯 말이다. 늦은 아침 뉴욕 맨해튼의 근사한 브런치 레스토랑에서 만나 이야기를 나누는 그들의 모습은 한국의 젊은 여성들을 사로잡았다. 이때부터 한국엔 브런치 열풍이 불기 시작했고, 올해로 10년이 되었다. 늦잠 자고 느긋하게 일어나 여유롭게 먹는 아침 겸 점심을 뜻하는 브런치는 이제 유행을 넘어 식문화로 자리 잡았다.(〈중앙일보〉2015. 05. 27.)

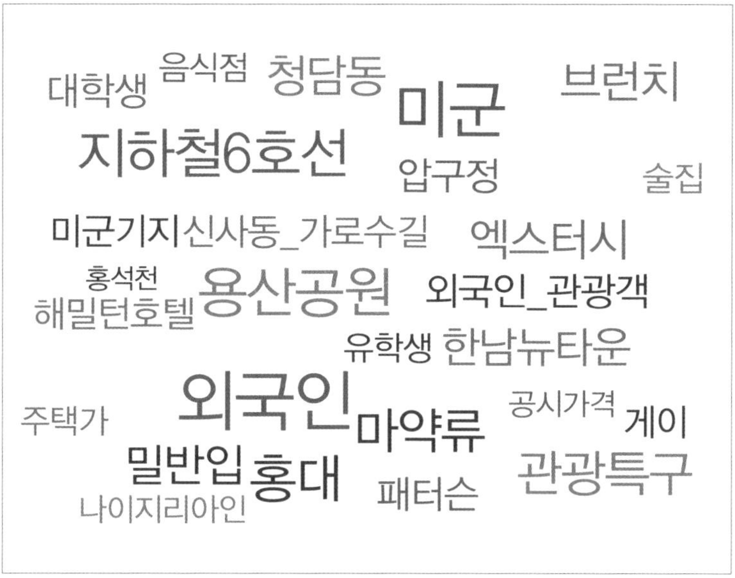

2001년부터 2010년까지 이태원과 관련한 키워드 분석 결과

2001년에서 2010년까지 5,088건의 기사를 대상으로 분석한 이태원 관련 키워드를 살펴보면, 지하철 6호선, 브런치, 용산공원, 압구정, 신사동 가로수길, 나이지리아인 등으로 당시 이태원에서 나이지리아인이 많아졌고, 브런치를 즐길 수 있는 장소로 이태원이 강남의 가로수길과 압구정동과 비교되고 있음을 알 수 있다.

2010년 이후 이태원의 변화는 더욱 가속화했다. 이러한 변화는 대로변뿐 아니라 우사단로, 회나무길, 경리단길 등이 20~30대 밀레니얼들 사이에서 인기를 끌면서 골목을 따라 빠르게 확대되었다.

이태원에는 세계 각국의 다양한 음식을 맛볼 수 있는 식당이 주를 이루었지만, 이태원의 동쪽인 한남동에는 고급 상권화가 두드러지게 나타났다. 한남동은 1970년부터 외국인과 한국의 부유층이 거주했던 곳으로 내외국인들에게 쇼핑과 유흥의 장소였던 이태원과는 차별되는 곳이다. 한남동은 2004년 리움미술관이 개관하면서 이태원로를 중심으로 상류층 문화지구로 변화하기 시작했다. 이태원에 위치한 제일기획에서 2003년부터 2013년까지 10년 동안 근무한 L씨는 한남동에 나타난 변화에 대해 다음과 같이 이야기했다.

> 제가 처음 제일기획에서 근무하기 시작했을 때는 한남동에 마땅히 점심을 먹거나 차를 마실 장소가 없었어요. 저희는 광고를 하는 사람들이라 분위기 좋은 장소를 선호해서 자주 다리를 건너 압구정동에서 식사를 했고, 미팅도 일부러 그쪽에서 잡았죠. 그런데 2000년대 중후반부터 한남동이 변하기 시작하더라고요. 로스팅을 직접 해주는 카페가 생겼고, 패션5나 글래머러스 펭귄 같은 고급스러운 디저트 카페, 일본식 라멘 가게 등의 맛집들이 골목에 줄지어 생겨났어요. 더는 강남으로 갈 필요가 없어졌죠. 오히려 강남에 있는 친구들이 우리 사무실 근처로 오게 되었어요. 큰 규모는 아니었지만, 자신만의 스타일로 꾸민, 강남에서나 경험할 수 있었던 맛과 홍대 앞의 분위기 있는 가게들이었어요.

한남동에는 콘서트홀인 현대카드 뮤직라이브러리, 뮤지컬 공연장인 블루스퀘어와 복합문화 공간인 사운즈한남이 들어서면서 문화와 예술이 특화된 공간으로 더욱 확장되어갔다.

2016년의 이태원은 사람들의 기억에서 멀어진 공간이 아니라 가장 주목받는 서울의 핫플레이스였다. 더는 거북한 기지촌이 아니었다. 이곳은 밀레니얼들에게 해외 유학이나 연수 혹은 여행하는 동안 즐겼던 외국의 문화 생활을 충분히 재현할 수 있는 곳이었다. 사람들은 바쁜 일상에서 잠시 벗어나 여행을 즐기듯, 이태원의 골목을 누비며 소확행을 찾았다.

0
4

흔들리는 이태원 골목길 그리고 젠트리피케이션

2000년대 중반 이후 나타난 이태원 골목길의 변화는 1990년대부터 시작된 상권의 불황과 주한 미군기지의 이전으로 퇴조기를 겪던 이태원에 놀라운 활력을 불어넣었다. 1990년대 이태원의 침체된 상황에 대해서 2003년 당시 서울대학교 대학원생이던 최종일은 논문 「이태원 공간에 나타난 '아메리카나이제이션'에 관한 연구」에서 다음과 같이 적었다.

> 이태원은 불황을 맞았고, 사람들은 예전처럼 이태원에 관심을 두지 않는다. 시공간의 압축을 경험하는 현대사회에서 불명예스럽던 역사가 만들었던 공간에 사람들은 더 이상 관심을 두지 않는 것이다.(2003, P. IV)

하지만 오늘의 이태원은 과거 최종일이 목격했던 것처럼 사람들에게 잊힌 공간이 아니다. 서울에서 두드러지게 핫한 장소 가운데 하나로 주목받는 공간이 되었다.

이태원에 나타난 변화는 2015년 무렵부터 젠트리피케이션 현상으로 설명되기 시작했다. 대중매체는 앞다퉈 젠트리피케이션과 관련한 부정적 보도를 쏟아냈다. 빅카인즈(www.bigkinds.or.kr)의 데이터를 이용해 20개 언론사에서 '이태원 젠트리피케이션'을 키워드로 검색했을 때, 2013년 이전에는 한 건도 발견되지 않았고, 2014년에는 고작 네 건이 나타났다. 그러나 2015년에는 50건, 2016년에는 131건으로 급격하게 증가했다. 2017년에는 96건이 검색되었다. 2015년부터 2018년까지 검색된 기사 280건을 대상으로 분석한 이태원 젠트리피케이션 관련 키워드는 임대료, 핫플레이스 등이며, 이태원과 비슷한 젠트리피케이션이 나타나는 성수동, 연남동, 해방촌도 함께 기사화되었음을 알 수 있다.

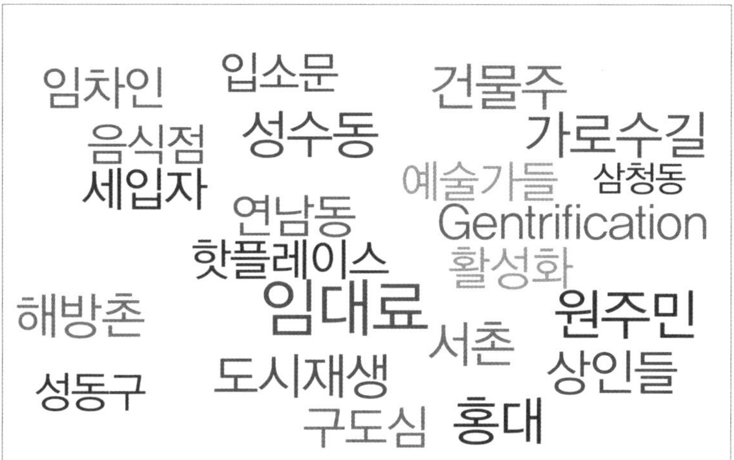

2015년부터 2018년까지 이태원 젠트리피케이션 관련 키워드 분석 결과

이태원의 젠트리피케이션과 관련한 보도의 요지는 2012년 〈한국일보〉에서 묘사한 바와 같이, '옆동네 르네상스'를 이룬, 이태원 골목길에 변화를 일으켰던 당사자들인 선구적 젠트리파이어들이 오히려 자본 논리에 의해 자신들이 창조한 공간에서 내쫓긴다는 것이었다. 그렇다면 이태원에는 어떤 변화가 있었을까? 이태원에 나타난 변화의 특징에 대해서 알아보자.

01 임대료가 저렴한 오래된 골목길의 낡은 단독주택 증개축 증가

서울에서 젠트리피케이션이 활발하게 일어나는 장소의 특징은 1960~1970년대에 지은 낡은 건물들이 밀집한 좁은 골목이라는 점이다. 이태원에 나타난 변화도 이러한 골목길을 따라 공방이나 카페, 식당 들이 생겨나면서 시작되었다.

서울시에서 운영하는 'VISIT SEOUL'에서 묘사한 이태원의 우사단로는 "드라마 〈야인시대〉에 나올 것 같은 구식 이발소가 있는가 하면 바로 옆에는 최신 로스팅 기계가 있는 커피숍이 나오는 곳." 그리고 "삶의 고단함을 표정 가득 담고 있는 할머니가 지나가는가 하면 투블록컷 헤어의 화려한 청년이 나타나는 곳"이다. 다시 말하면 우사단로에서 젊은 아티스트의 마음을 사로잡은 것은 새로운 것과 옛것이 절묘하게 조화를 이루며 자연스럽게 풍겨 나오는 빈티지한 느낌이었다.

제일기획 빌딩 건너편 이태원로 55가길 주변 골목길에도 오래된 단독주택이나 소형 점포를 리모델링해서 들어오는 상점들이

한남동 골목의 오래된 단독주택을 리모델링해 만든 레스토랑

빠르게 늘고 있다. '꼼데가르송길'이라 불리는 이태원로 꼼데가르송 주변의 변화에 대한 2011년 10월 〈조선비즈〉 기사 「'꼼데가르송길 효과' … 한남동 대사관 빌라촌 '변신中'」에서 한남동의 주민은 "자주 가던 동네 잡화점도 어느새 없어지고 공사를 하고 있다. …… 동네 이곳저곳에서 인테리어 공사하는 것을 쉽게 볼 수 있다"고 동네의 변화를 설명한다.

실제로 이태원의 건축 신고 건수 변화를 살펴보면, 전체적으로 2006년에서 2010년 사이에는 감소하지만, 2015년에 들어서면서 증가했음을 알 수 있다.(77쪽 표 참조) 또한 주거용과 상업용 건물 건축이 주를 이루는데, 그중에서도 2006년에 비해 2015년에는 주거용 건물의 인허가 동수는 감소했지만 상업용 건물은 증가했다는 점을 눈여겨볼 만하다. 2010년에는 주거용과 상업용 건물의 인허가 건수가 전반적으로 줄어드는 것이 발견되는데, 이는 2008년 세계 경제 위기에 따른 부동산 불경기에 기인한 것으로 짐작한다. 또 다른 주목할 점은 2006년에서 2010년 사이에 상업용 인허가 연면적이 두 배 이상 급증했다는 점이다. 이는 기존의 주거용 건물들이 증개축을 통해 근린 생활 시설 같은 상업 용도로 용도가 변경된 것을 간접적으로 보여준다.

구분	2006년		2010년		2015년	
	동수	연면적(㎡)	동수	연면적(㎡)	동수	연면적(㎡)
주거용	220	113,880	54	140,504	123	56,649
상업용	76	69,477	35	147,756	94	53,959
문교용 / 사회용	17	26,495	16	20,763	6	16,441
기타	6	1,875	1	1,618	3	58
계	319	211,727	106	310,641	223	127,107

용산구 신증개축, 이전, 대수선 허가 건수 변화(2006~2015년)
(출처: 용산구청)

02 유동인구의 증가

이태원 골목길에 생겨난 독창적인 상점들이 인기를 끌면서 이태원 지역을 찾는 유동인구도 당연히 증가했다. 이태원 지역에 분포한 녹사평역, 이태원역, 한강진역을 이용하는 승객들이 2000년대 중반 이후 꾸준히 증가했으며, 특히 2012년 이후 급격하게 증가했음을 알 수 있다. 서울교통공사에서 발표한 2017년 연간 시간대별 승하차 인원 실적에 따르면, 이태원역의 하루 평균 이용객은 3만 7,364명으로 지하철 6호선 전체 구간에서 가장 많다고 한다.

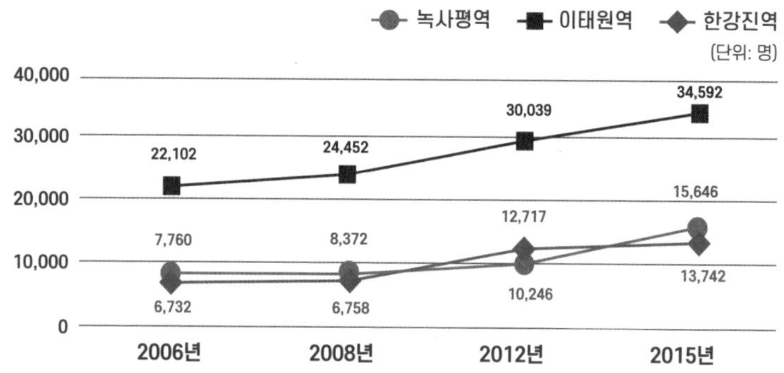

이태원 지역 지하철 승하차 인원 변화 추이(2006~2012년)
(출처: 서울교통공사)

03 지가 및 건물가의 상승 그리고 취득세와 재산세의 증가

이국적이고 특색 있는 장소로 탈바꿈한 이태원 골목길이 20~30대 밀레니얼 사이에서 인기를 끌면서 유동인구가 증가하자 지가와 건물가가 상승했다. 이태원 지역의 취득세 변화를 살펴보면, 2006년부터 2008년 사이에는 전반적으로 취득세가 감소하지만, 2010년과 2012년에는 다시 증가하는 추세를 볼 수 있다. 보광동 지역을 제외하고 이태원1·2동은 두 배 이상 증가했고, 한남동의 경우 세 배 이상 증가했다. 한남동의 경우, 상업 시설 건물 가격 상승뿐 아니라 한남더힐 같은 고급 빌라 개발로 인한 영향이 더 크다고 할 수 있다.

(단위: 백만 원)

구분	2006년	2008년	2010년	2012년
이태원1동	3,395	2,708	3,192	5,900
이태원2동	2,343	1,476	1,049	2,705
보광동	4,071	776	1,128	1,709
한남동	12,655	5,391	8,198	27,519

이태원 지역 취득세 변화 추이(2006~2012년)
(출처: 용산구청)

이태원1·2동, 보광동 그리고 한남동의 2005년부터 2015년까지 10년 동안의 평균 공시지가 변화를 살펴보면 이태원동의 경우 1.95배, 보광동은 1.92배, 그리고 한남동은 1.81배 증가한 것을 알 수 있다. 서울시 동별 전체 평균 공시지가 상승률이 1.6배 정도인 것과 비교하면 이태원 지역의 평균 공시지가 증가율이 더 높은 것을 알 수 있다.

(단위: 원, 배)

지역 / 연도	이태원동		보광동		한남동		서울시	
	공시지가	변화율	공시지가	변화율	공시지가	변화율	공시지가	변화율
2000년	1,144,760	-	852,233	-	1,128,352	-	2,082,713	-
2005년	2,014,084	1.76	2,174,735	2.55	2,303,783	2.04	3,171,008	1.52
2010년	3,168,198	1.57	3,890,634	1.79	3,361,574	1.46	4,234,028	1.33
2015년	3,920,981	1.24	4,188,380	1.08	4,178,624	1.24	4,712,576	1.11

이태원 지역 공시지가 변화(2000~2015년)
(출처: 용산구청)

(단위: %)

순위	행정동	공시지가 변화율
1	마곡동	4.64
2	용산동3가	2.86
(중략)	(중략)	(중략)
67	이태원동	1.95
70	보광동	1.93
(중략)	(중략)	(중략)
99	한남동	1.81
(중략)	(중략)	(중략)
463	과해동	0.69
464	진관동	0.62
서울시 평균		1.60

서울시 행정동별 평균 공시지가 변화(2005~2015년)
(출처: 서울열린문광장)

2000년대 중반 이후 20~30대 밀레니얼은 자신들이 경험한 이태원 골목의 핫플레이스들을 SNS를 통해 발 빠르게 공유하고 확산했다. 이태원을 방문하는 사람뿐 아니라 이곳에서 사업하려는 사람도 늘어났다. 오래된 골목길의 낡은 건물들이 증개축을 통해 카페나 레스토랑, 부티크로 하루가 다르게 바뀌었다. 이러한 상업 시설과 유동인구 증가는 공시지가를 상승시켰고, 재산세와 취득세도 덩달아 증가했다. 지자체와 건물주 입장에서는 이태원의 골목길에 나타난 변화가 더할 나위 없이 행복한, 이보다 더 좋을 수 없는 '윈윈 시추에이션Win win situation'이 되었다.

그렇다면, 이태원 골목길을 오랫동안 지켜왔던 원주민과 낡고 쇠퇴한 골목길에 변화를 일으켰던 선구적 젠트리파이어에게 이런 변화는 어떤 의미일까?

01 주민등록인구의 감소

이태원 지역 주민등록인구의 변화를 살펴보면, 이태원1·2동과 한남동의 경우 전반적으로 인구가 감소하는 추세다. 이태원의 주민등록인구 변화 추이를 정리한 표를 살펴보면, 내국인의 감소가 주민등록인구의 변화에 상당 부분 기여한 것을 볼 수 있다. 외국인의 경우, 주민등록인구의 변화에 다소 기복이 있지만, 이태원1·2동과 보광동은 2000년대에 비교해 2015년에 증가했고, 한남동은 감소한 점을 알 수 있다.

젠트리피케이션이 활발하게 일어나는 이태원1·2동과 한남동의 내국인 주민등록인구수는 감소했으나, 상대적으로 젠트리피

(단위: 명)

구분	2000년			2005년			2010년			2015년		
	합계	내국인	외국인	합계	내국인	외국인	합계	내국인	외국인	합계	내국인	외국인
이태원 1동	10,005	8,922	1,083	9,885	8,484	1,401	10,685	8,739	1,946	9,030	7,473	1,557
이태원 2동	14,022	13,127	895	11,558	11,092	466	11,817	11,441	376	11,154	9,876	1,278
한남동	24,509	22,641	1,868	23,169	21,179	1,990	19,336	18,461	875	17,289	16,193	1,096
보광동	21,109	20,841	268	19,081	18,582	499	25,440	23,030	2,410	24,324	21,621	2,703

이태원의 주민등록인구 변화 추이(2000~2015년)
(출처: 용산구청)

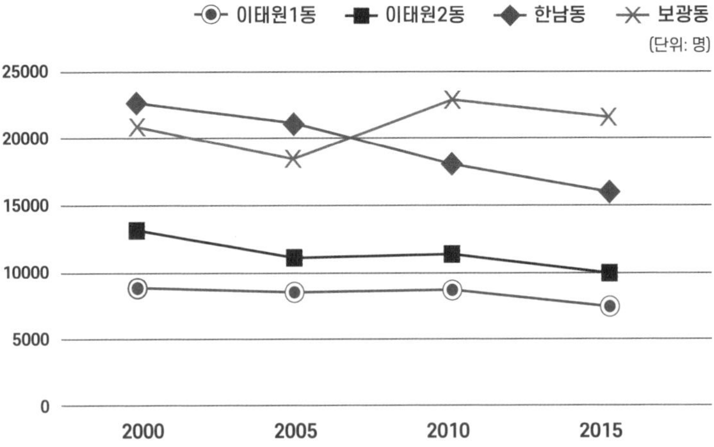

이태원 내국인 주민등록인구 변화
(출처: 용산구청)

케이션 속도가 아직 빠르지 않고 거주 환경이 상대적으로 열악한 보광동은 내국인 주민등록인구수가 감소, 증가, 감소를 반복했다. 보광동의 외국인 주민등록인구수는 2005년 이후 급격하게 증가해 임대료가 저렴한 곳으로 외국인들이 밀집되었다는 사실을 알 수 있다. 이태원2동의 경우에도 2010년 이후 감소 추세에 있던 외국인 주민등록인구수가 많이 증가한 것으로 나타난다.

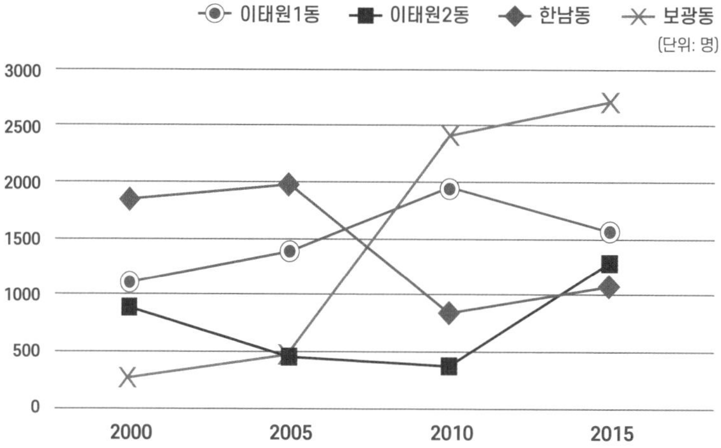

이태원 외국인 주민등록인구 변화
(출처: 용산구청)

02 외국 음식점과 의류점의 증가

단독주택과 다세대 주택이 밀집한 골목에서 요식업체가 증가한 것은 우리나라의 상업적 젠트리피케이션이 일어나는 것에 대한 주요한 발생 지표로 볼 수 있다. 서울시의 분석(2016)에 따르면, 최근 10년간 이태원과 경리단길의 사업체 종사자 가운데 요식업체 종사자가 차지하는 비율이 각각 92%, 83%에 해당한다. 그리고 음식업 개업 신고수는 2015년을 기준으로, 이전 3년 동안 이태원은 86%, 경리단길은 132% 증가했다.

이태원에서 발생하는 젠트리피케이션의 진행 정도를 살펴보기 위해, 외국 음식점과 의류점 두 가지 사업체를 선정하며, 2000년대 초반부터 2015년까지 업종의 분포 변화를 GIS(지리정보시스템)

를 이용해 분석했다. 분석 시기는 2000~2005년, 2006년~2010년 그리고 2011~2015년 세 단계로 구분하고 해당 시기 용산구에 등록되어 운영 중인 사업체 현황자료를 활용했다.

외국 음식점의 경우, 2000~2005년에는 이태원역 근처에 집중되었지만, 2010년 이후 이태원로를 중심으로 점점 그 범위가 확장되었다. 또한 2011~2015년에는 경리단길까지 외국 음식점 분포가 확대되었다. 의류점의 경우에도 외국 음식점과 마찬가지로 용산구 내에서 증가 추세를 보인다. 특히 2011~2015년에는 이태원로에서 꼼데가르송 길과 한남동 일대까지 분포가 급격하게 증가하였다.

외국 음식점과 의류점의 분포를 비교해 보면, 2011~2015년에는 젠트리피케이션의 주요 발생 지표인 요식업보다 오히려 의류점의 분포가 더 많이 증가하였다. 따라서 이태원의 경우, 요식업뿐 아니라 의류점 증가도 젠트리피케이션의 중요한 지표이다.

03 근린 시설의 감소

이태원 골목에 나타난 외국 음식점과 의류점의 증가는 오랫동안 이 골목을 지켜왔던 주민들이 주로 이용하는 세탁소나 동네 마트 같은 근린 시설의 감소로 이어졌다. 이태원 골목에서 젠트리피케이션으로 인한 근린 시설의 감소 추세를 살펴보기 위해, 2000년대 초반부터 2015년까지 세탁업소와 미용업소의 분포 변화를 GIS을 이용해 분석했다. 분석 시기는 외국 음식점과 의류점의 증감 추세

한남동 골목에 위치한 다세대 주택 1층을 개조한 카페와 부티크

를 살펴보았던 것과 같은 시기로, 2000~2005년, 2006~2010년, 그리고 2011~2015년 세 단계로 구분했다. 그리고 해당 시기 용산구에 등록되어 운영 중인 사업체 현황자료를 활용했다.

근린 시설 가운데 세탁업소는 2000~2005년에 운영되던 곳들이 시간이 흐를수록 점점 감소해 2011년 이후에는 상당 부분 감소하였다. 세탁업소는 주로 단독주택과 다세대 주택 1층에서 영업하는 경우가 대부분이기 때문에 음식점이나 의류점으로 업종이 변경되었을 가능성이 매우 높다.

미용업소는 2006~2010년에 전반적으로 감소했다. 특히 보광동 인근에서 줄어들었는데, 이태원로에서는 증가한 것으로 나타난다. 그리고 2011~2015년에는 이태원에 전체적으로 다시 증가하는 경향을 보인다. 이는 트렌드 변화에 민감한 미용업소의 특성상 개점과 폐점이 계속 이뤄진 것으로 추측할 수 있으며, 이태원에서 다양한 헤어스타일이 인기를 끌고 있는 것과 연관지어 볼 수 있다. 2016년 〈매일경제신문〉에서 이태원의 나이지리아 거리의 명물로 소개했던 레게머리 전문 미용실을 일례로 들 수 있다.

이태원에 나타난 변화는 조용하던 골목길을 생기 넘치게 했다. 사람들은 서울의 가장 이국적인 장소에서 외국에서만 맛볼 수 있던 음식을 즐기며, 멋진 카페에서 커피 한잔의 여유를 만끽하며, 다른 어떤 곳에서 발견할 수 없는 독특한 아이템을 쇼핑하는 재미도 느끼게 되었다. 그러나 이 골목을 누구보다 오랫동안 지켜왔던 주민들에게는 이런 갑작스러운 변화가 너무나 어색하게 느껴질 수도 있다. 마치 2016년 내가 마주한 이태원이 낯설었던 것처럼.

주말의 소소한 행복을 위해 이태원의 좁은 골목 이곳저곳을 기웃거리는 동안, 우리는 종종 이 오래된 골목길이 누군가에게는 매일의 일상을 위한 삶의 공간이라는 사실을 기억하지 못한다. 이태원은 서울의 어떤 곳보다 교통이 편리하고 상대적으로 저렴한 임대료를 지급하며 거주할 수 있던 곳이다. 그러나 임대료가 가장 저렴했던 후미진 골목의 낡은 단독주택 혹은 다세대 주택 1층이나 반지하층은 어느새 가장 인기 있는 핫플레이스가 되었다. 이태원 골목의 핫플레이스를 찾아 헤매는 밀레니얼의 아우성 속에 골목길에서 흔하게 찾을 수 있었던 세탁소나 동네 마트 그리고 이곳에 삶의 둥지를 틀었던 이들은 하나둘 골목을 떠나고 말았다.

PART 03

이태원 골목의 사람들

01

이태원 골목길을 변화시키는 사람들

02

이태원 골목길을 소비하는 사람들

03

이태원 골목길에서 만난 사람들

– 미술을 사랑하는 작가 부부

– 카리스마 넘치는, 개성만점의 플로리스트

– 60's 레트로 스타일에 흠뻑 빠진 카페 사장님

– 생막걸리를 사랑하는 우리술 전문점 사장님

생막걸리
쌀막걸리
생막걸리
막걸리
생막걸리

01

이태원 골목길을 변화시키는 사람들

서울에서 '뜨는 골목길' 핫플레이스는 왜, 누구에 의해 어떻게 만들어지는 걸까? 나는 이 질문에 대한 답을 찾기 위해 이태원 골목 곳곳을 기웃거리며 돌아다녔다. 그리고 이태원의 낡고 후미진 골목길에서 자신만의 독특한 스타일로 사업을 꾸려가는 우리 시대의 '문화적 신계층'이며, 상업적 젠트리피케이션의 직접적 행위자인 '새로운 소상공인'들과 이야기를 나눌 수 있었다.

서울의 가장 낯선 공간이던 이태원을 핫플레이스로 변화시킨 새로운 소상공인들은 제한된 경제적 자본을 가진 30대 청년층으로 높은 교육 수준, 다양한 경력, 풍부한 해외 경험을 소유한 문화적 자본가다. 그들은 자율적이고 독창적인 라이프스타일을 추구하며, 경제적 윤택함보다 삶의 가치를 우선시하는 사업 방식을 갖고 있다.

01 제한된 경제적 자본을 소유한 30대 청년층

이태원에서 만난 소상공인 10여 명의 연령대는 30대 중후반에서 40대 중반으로 주로 1970년대 초반에서 1980년대 초반에 출생한 X세대와 밀레니얼 세대였다. 남녀 성별의 비율은 비교적 균등하게 분포했으나 여성 비율이 조금 더 높았다.

새로운 소상공인의 업종은 의류점, 음식점, 주점, 꽃소매점이며, 취미 미술을 위한 화실도 포함했다. 대체로 의류점은 이태원1동과 한남동, 음식점은 이태원1동과 2동, 보광동에, 주점은 이태원2동, 꽃소매점은 한남동에 그리고 화실은 이태원1동에 있다.

이들은 대부분 이태원 지역에서 장소성의 변화가 가장 활발하게 일어난 2010년대 초중반, 그들의 나이 30대 초반에서 중반 사이에 이태원 지역에서 사업을 시작했다. 한남동에서 꽃소매점과 꽃꽂이 작업실을 운영하는 K씨는 20대 후반이던 2003년부터 한남동 제일기획 건너편에서 사업을 시작했는데, 약 8년 전인 2010년 초반 한남동의 나인원 한남 주변의 현재 위치로 가게를 옮겼다.

소상공인들은 건물 또는 공간을 매입하는 것이 아니라 대부분 월세 임대를 통해 작은 규모의 가게를 운영했다. 와인바를 운영하는 L씨는 월세가 아닌 전세로 가게를 임대했는데, 당시 상황에 대해서 웃으며 이야기했다.

> "제가 친구와 함께 가게를 알아볼 당시(2014년)에는 저희 와인바가 위치한 곳이 경리단길 끝에 있었기 때문에 주변에 가게가 거의 없었어요. 저희는 친구들과 아지트로 삼을 수

있는 곳을 찾고 있어 관광객이 오지 않는 조용한 골목길에 개업하고 싶었어요. 다행히 저희 둘 다 직장이 있어서 은행에서 대출받기가 쉬웠고, 건물주도 흔쾌히 전세로 계약했습니다. 물론 지금이라면 어림도 없는 이야기죠."

임대료나 보증금 같은 경제 상황에 대해서는 질문하지 않았다. 그러나 새로운 소상공인이 이태원 지역에서 사업을 시작한 주요한 이유 중 하나가 상대적으로 저렴한 임대료라는 점과, 인터뷰를 한 새로운 소상공인의 절반 이상이 임대료 때문에 가게를 옮긴 경험이 있는 점을 고려할 때, 처음 사업을 시작할 당시 이들의 경제적 자본이 제한되어 있었음을 짐작할 수 있다.

현재는 상당히 큰 규모의 꽤 유명한 멕시코 식당을 운영하는 이태원1동의 K씨도, 처음 식당을 시작할 당시 친구 두 명과 함께 크라우드펀딩 캠페인으로 모금한 돈으로 이태원 재래시장 뒷골목에서 사업을 시작했다. 그는 서울에 제대로 된 멕시칸 식당을 열고 싶다는 열정 하나로 직접 멕시칸 요리를 하는 셀프 동영상을 만들기도 했는데, 두 번의 실패 끝에 미국의 '킥스타터Kick Starter'를 통해 자금을 지원받았다. 전 세계에서 100여 명이 1만 3,000달러를 투자했고, 그는 동업자 두 명과 함께 여덟 평 남짓의 멕시칸 식당을 열었다.

02 높은 교육 수준과 다양한 경력의 소유자

서울의 골목길을 변화시키는 새로운 소상공인들은 대부분 대졸 이상의 고학력자로 기존의 소상공인들과 차별성을 보인다. 이들은 높은 학력을 바탕으로 풍부한 문화자본과 사회자본을 획득할 수 있었으리라 짐작된다. 피에르 부르디외는 제도화된 교육 과정이 문화적, 사회적 교양을 쌓을 수 있는 주된 경로라고 지목했다.

이태원 골목길에서 만난 새로운 소상공인 역시 모두 대졸 이상의 고학력자들이며, 이들의 전공 분야는 도시계획, 디자인, 인문학, 건축, 경영 등 다양했다. 이러한 경향은 우리나라뿐 아니라 해외의 도시에서도 발견된다. 뉴욕의 젠트리파이어를 연구한 주킨과 호주 뉴캐슬의 젠트리피케이션 과정을 연구한 로페도 고학력의 젠트리파이어들의 활동에 의한 장소성의 변화에 주목했다.

이태원에서 사업을 시작한 새로운 소상공인들의 경력을 살펴보면, 이들은 높은 학력을 바탕으로 대부분 전문직에 종사한 경험이 있거나 현재도 종사한다. 경리단길에서 2014년부터 와인바를 운영하는 L씨의 경우, 와인바를 개업할 당시 여행 잡지의 편집장이었으며, 함께 동업한 친구는 외국계 회사에서 이사직을 맡고 있었다.

2012년부터 보광동에서 3년 동안 팥빙수 가게를 운영했던 K씨도 가게를 개업할 당시 연구원으로 근무했으며, 현재는 도시계획 분야의 박사 과정에 있다. K씨에게 전문직에 종사했음에도 팥빙수 가게를 개업한 이유를 물어보았다.

"저는 2011년 압구정동에서 이태원1동으로 이사했는데, 2012년 당시만 하더라도 팥빙수 가게가 이태원에 하나도 없었어요. 그래서 마침 일산에서 음식점을 크게 하고 있던 친한 선배 언니와 함께 팥빙수 가게를 차리자고 했어요. 그 언니도 하얏트호텔 아래쪽 빌라에 살고 있어서 동네에서 아이들과 함께 먹을 수 있는, 순전히 우리가 먹고 싶어서 가게를 열었어요. 당시 눈꽃빙수를 만들어 팔았는데, 아주 인기가 많았죠. 그리고 근방에 한국폴리텍대학이 있어서 아르바이트생을 구하기도 쉬웠어요. 7개월쯤 지났을 때 프랜차이즈를 하자는 제의가 왔는데, 저희는 사업을 확장할 마음이 없었어요."

이태원에서 만난 소상공인들은 특이하게 본업인 전문직을 계속 유지하면서 사업을 시작하는 경우가 많았다. 그들은 한동안 투잡Two jobs을 유지하다가 직장을 그만두고 본격적으로 사업을 하는 것으로 나타났는데, 방송인, 광고회사, 의류회사, 금융회사 같은 전문 직종에서 근무한 경력이 많다.

03 풍부한 해외 경험을 소유한 문화적 자본가

'장진우거리'로 유명한 회나무길과 우사단로에서 활동하는 청년들을 1년 동안 연구하고 조사한 보고서 『청년 예술가-창업가들의 골목길 고군분투기』(강유가람 외, 2014)에 따르면, 이 두 골목길의 청년 예술가들은 20대 후반에서 30대 초반으로 주로 시각예술과 관련된 전공을 갖고 있었다. 그들은 이미 20대 초반부터 부모에게서 독립해 생활한 경험과 장기간의 여행, 교환학생, 유학 등의 형태로 해외에서 거주한 경험이 있다. 그리고 외국계 대기업, 국내 굴지의 대기업에서 보장된 미래를 버리고 자신의 일을 하고 싶어 길을 찾은 이들이다. 청년 예술가들의 특징은 "높은 문화자본과 상대적으로 낮은 경제자본을 가지고 있고, 혼자 무언가를 해내며 돈을 버는 에이전트적인 노동에 익숙"한 것이었다.

이태원에서 만나 이야기를 나눈 소상공인들도 회나무길과 우사단로에서 활동하는 청년 예술가들과 마찬가지로 풍부한 해외 경험을 소유한 문화적 자본가들이었다. 이태원1동에서 2005년부터 부티크식 옷가게를 운영하는 L씨는 처음 개업한 이유를 다음과 같이 이야기했다.

> "제가 옷을 워낙 좋아해서 해외에 나갈 때마다 샀던 옷과 신발이 너무 많은 거예요. 그래서 이 옷들을 좀 내다 팔아야겠다 생각했죠. 홍콩과 일본에도 자주 가지만, 유럽 특히 이탈리아에 자주 가는 편이에요. 한번 나가면 최소 3주 정도 머물죠. 솔직히 한국에 오래 있으면 답답해서 어떤 핑계를 대서라도 나가려고 해요."

그는 한국인임에도 영어 이름을 사용했으며, 외국 손님들과 의사소통이 가능할 정도의 외국어 실력을 갖추었다. 그리고 해외 각국에 현지인 친구들이 있어서 해외에서는 주로 그들과 함께 지내면서 해외 친구들의 도움을 받아 자신의 옷가게에 필요한 물건들을 샀다.

보광동에서 팥빙수 가게를 했던 K씨는 10대를 미국과 일본에서 보낸 해외파로 한국어, 영어 그리고 일본어 3개 국어에 익숙한 글로벌 엘리트다. 한남동에서 꽃소매점 겸 작업실을 소유한 K씨도 해외의 플라워 디자인 트렌드를 파악하려고 일본이나 영국에서 실시하는 플라워 디자인 단기 과정에 종종 참여했다.

> "요즘엔 인스타그램과 같은 SNS가 발달해서 소비자들의 취향이 워낙 다양해요. 젊은 친구들은 해외, 특히 유럽 스타일의 플라워 디자인에 민감한 편이죠. 저는 소비자들의 취향에 맞추어 새로운 트렌드를 공부하기 위해 해외로 나가는 편이에요."

이태원2동, 경리단길 입구에서 꽤 유명한 브런치 카페를 운영했던 L씨도 디자인을 전공하고 광고회사에 다니면서 해외여행을 자주 다녔다. 그리고 경리단길 골목 주민으로 그곳에 거주하는 다른 외국인들과 스스럼없이 지내고 있다. 2010년 그가 브런치 카페를 시작했던 이유도 '우리 동네에 외국인들과 함께 즐기는 제법 맛있는 브런치 식당'을 내고 싶었기 때문이다. 그가 브런치 카페를 시작할 당시만 해도 경리단길이 유명해지기 전이어서 카페 손님 대부분은 경리단길과 해방촌에 사는 외국인들이었다. 경리단길이 제법 유명해지기 시작한 2012년부터 내국인들이 찾아오기 시작했고, 비교적 좋은 관계를 유지하던 건물주는 건물 가격이 오르자 2015년 비싼 가격에 건물을 팔아 상당한 이윤을 남겼다. 그러나 L씨는 새 건물주가 요구하는 월세를 감당할 수 없어서 경리단길의 후미진 골목으로 가게를 옮겨야 했다. 이 과정에서의 아픈 경험 때문에 그는 지금 '맘상모(맘 편히 장사하고픈 상인 모임)'에서 적극적으로 활동하고 있다.

04 자율적이고 독창적인 라이프스타일 추구

이태원의 새로운 소상공인들의 풍부한 해외 경험은 이들이 이태원에 사업을 시작한 이유와 연결된다. 새로운 소상공인들이 저렴한 임대료 외에 이태원에 정착한 가장 큰 이유로 '이태원 프리덤'을 꼽았다.

모두 모여 이태원
이태원 프리덤 저 찬란한 불빛 오
이태원 프리덤 젊음이 가득한 세상
이태원 프리덤
다 알려주겠어 다 말해 주겠어
새로운 세상 그곳을 말해 봐
음악이 있어 또 사랑도 있어
세계가 있어 나에게 말해 줘
(그룹 UV 노래 〈이태원 프리덤〉 중에서)

이태원에서 만난 새로운 소상공인들은 대부분 싱글로, 자신의 자유로운 도시 생활을 즐겼다. 이는 서울의 다른 핫플레이스에서 활동하는 새로운 소상공인들에게서도 나타나는 공통된 사항이다. 이태원은 이들에게 자신들이 추구하는 '내 스타일'의 사업을 꾸려갈 수 있는 자유로움을 허락한 장소인 동시에 이러한 자유로움에서 비롯된 독창적 행위를 인정하는 소비자들이 존재하는 곳이다.

친한 지인들과 즐겁게 와인을 마실 수 있는 아지트를 만들고 싶어서 친구와 함께 경리단길에 와인바를 개업한 L씨는 함께 동업하던 친구가 2년 전 갑자기 베를린에서 생활하고 싶다고 훌쩍 떠나는 바람에 전세 계약이 끝나는 2019년 봄에 가게를 그만두었다. 그녀는 계획대로 2019년 2월 말 자신의 와인바에서 지인들과 페어웰 파티Farewell party를 마지막으로 가게 문을 닫았다. 섭섭하지 않느냐는 질문에 그녀는 덤덤하게 대답했다. "하고 싶은 일을 해봤으니까 후회는 하지 않아요." 여행작가로도 활동했던 그녀는 2011년 이태원의 맛집, 레스토랑, 카페와 바 등을 소개하는 책을 출간할 정도로 이태원을 잘 알았다. 그녀는 이태원에 나타난 변화와 성소수자 소상공인들에 대한 흥미로운 이야기를 들려주었다.

> "2000년대 초반부터 이태원에 전에 찾아볼 수 없었던 세련된 레스토랑들이 생기기 시작했어요. 저와 친분이 있는 (게이) 오빠들이 운영하는 곳인데, 이태원에서는 꽤 유명한 분들이에요. 물론 대외적으로는 (게이인 사실이) 비밀이지만, 저희끼리는 다 알죠. 오빠들은 1년의 절반 이상을 해외에서 보내고 있어요. 그분들만의 독특한 스타일의 인

테리어 감각으로 청담동에 있는 레스토랑보다 훨씬 더 세련된 레스토랑을 이태원에 만들었죠. 그때부터 이태원이 변하기 시작했어요. 이태원에 세련된 레스토랑이 생기기 시작하면서 강남 사람들이 청담동이 아니라 이태원으로 오기 시작했거든요."

L씨는 이태원만이 지닌 자유로움과 다양성 그리고 성소수자를 포용하는 문화로 성소수자들이 이태원이라는 장소에 자신들만의 공간을 만들고 자유롭게 활동할 수 있는 것이라고 단언했다.

이러한 자유로움이 이태원을 변화시킨 원동력이 아니었을까?

회나무길의 '장진우식당'으로 유명한 젊은 CEO 장진우 씨는 음악을 전공하고 사진을 부전공한 예술가이며 상업 사진가이다. 그를 인터뷰한 〈한겨레신문〉 2014년 3월 26일자 기사에서 가장 인상 깊었던 부분이 그가 식당을 시작한 이유다. 그는 "유명한 패션 피플의 파티에 초대되어 갔어요. 많은 사람이 모였는데, 세 명이나 같은 집의 케이크를 사왔더라고요. 저는 이런 획일화된 문화가 싫어요"라고 식당을 개업한 이유를 설명했다. 개업한 식당마다 그 공간에 대한 자신만의 해석을 채워 넣어 동일한 콘셉트의 식당은 하나도 없도록 하는 것이 그의 사업 철학이다.

획일화된 문화를 거부하는 것은 이태원에서 이야기를 나눈 소상공인들 역시 마찬가지였다. 이태원1동에서 멕시코 식당을 운영하는 K씨가 이태원 뒷골목에 식당을 개업할 당시만 해도 한국에 멕시코 음식을 하는 식당이 거의 없었다. 그러나 K씨가 개업한 식당이

우산단로에 위치한 작은 갤러리

1년 만에 큰 인기를 끌자 이태원에만 멕시코 식당이 열 개 정도 생겼다. K씨는 한 신문과의 인터뷰에서 자신의 성공 비결을 밝혔다.

> "한국에서는 어떤 음식점이 인기를 끌면 비슷한 음식점들이 우후죽순 생기는 경우가 많은데, 아무래도 리스크를 두려워해서인 것 같다. 그러나 남들이 하지 않은 것을 하는 것이 오히려 성공의 지름길이다."

05 경제적인 윤택함보다 삶의 가치를 우선시하는 사업 방식

이태원에서 만났던 젊은 소상공인들은 한결같이 1년에 해외여행을 한두 번 갈 수 있는 정도의 경제적 여유만 있으면 충분하다고 했다. 이들은 다른 사람이 아닌 '나 자신의 인생'을 살기 위해 사업을 시작했기에 경제적 이윤을 극대화하려는 원주민 건물주와 공감대를 형성하기 어려워 갈등을 초래하기도 했다. 이태원1동에서 옷가게를 운영하는 L씨도 인터뷰에서 건물주에 대한 불만을 토로했다.

> "저도 이태원에서 옷가게를 그만두려고 여러 번 고민했어요. 판교에도 가게가 하나 있는데, 거기 건물주는 여기 이태원과 달리 상식선에서 일을 처리합니다. 그런데 이곳 이태원의 건물주들은 막무가내예요. 건물주로서 해야 할 기본적인 정비와 수리를 충분히 하지 않으면서 무조건 임대

료만 올리려 해요. 그럼에도 제 스타일을 이해하는 분들이 이태원에 많이 오시기 때문에 어쩔 수 없이 계속 운영하고 있기는 하죠. 오랜 단골분들도 많고요."

새로운 소상공인들이 자신들이 개척하고 창조한 공간에서 떠나는 이유는 비단 자본의 논리에 의해서 쫓겨나는 것만은 아니다. 원주민인 건물주와 삶에 대한 가치관이 달라 발생하는 경우도 종종 있다.

이태원의 새로운 소상공인들은 자신들이 창조한 공간을 찾은 소비자들과 사회적인 관계 맺기를 중요하게 생각한다. 소비자들은 이들의 상업적 활동에 대한 가치를 인정하며, 종종 새로운 소상공인들과 유사한 문화자본을 소유한다. 신현준 성공회대학교 교수 등은 논문을 통해 서울의 젠트리피케이션 사례에서 이들을 '취향 공동체'라고 표현했다. 취향 공동체는 문화자본과 사회자본이 양방향으로 전환되면서 형성되고 강화된다.

보광동에서 우리 술 전문점을 운영하는 P씨는 금요일 저녁에는 독립영화를 빔프로젝터로 상영하고, 비슷한 취향을 가진 소비자들과 함께 이야기를 나누며, 이들과의 소통에서 기쁨을 얻는다. 그녀는 실내 인테리어 관련 학과에서 석사학위까지 받고 인테리어 디자이너로 20년 동안 활동했다. 호텔이나 대형 빌딩의 인테리어 사업을 하는 규모 있는 회사에서 인테리어 전문가로 인정받으며 근무했으나 행복하지 않았다. 클라이언트를 상대하는 일이 점점 더 힘들게 느껴졌다. 맛있는 음식을 먹는 것뿐 아니라 직접 요리하는 것도 좋아하는 그녀는 보광동 시장 근처 작은 가

보광동에 위치한 레트로 스타일의 카페

게를 임대해 자신이 사랑하는 막걸리와 어울리는 음식들을 팔기 시작했다.

> "많이 두려웠어요. 장사라는 걸 처음 해보고 손이 빠르지 않아서 손님들이 한꺼번에 오면 음식을 준비하는 데 시간이 너무 오래 걸렸어요. 그렇지만 제가 만든 음식과 전국 방방곡곡에서 찾은 막걸리의 참맛을 아는 분들이 오셨어요. 단골도 생겼죠. 저는 매일매일 행복해요. 어느 날 아침 거울을 봤는데, 늘 찡그리고 있던 내가 웃고 있더라고요. 아주 환하게."

P씨의 우리 술 전문점에서 얼마 멀지 않은 곳에서 레트로 스타일로 자신의 카페를 직접 꾸민 S씨도 자신이 창조한 공간이 단순히 커피를 마시는 곳이 아니라 이웃들과 소통하는 장소로 활용될 수 있기를 기대하고 있었다.

> "이웃들이 저희 가게의 커피와 음악을 즐기기 위해서 편하게 찾아오는 사랑방 같은 곳이 되었으면 좋겠어요. 좋아하는 책을 갖고 오셔서 온종일 계셔도 저는 상관없어요. 이곳이 쉼의 장소가 되었으면 해요."

한남동에서 꽃꽂이 작업실을 운영하는 K씨는 제일기획 건너편에서 가게를 운영하다가 나인원 한남 근처 현재의 위치로 옮겨왔다. 임대료 증가가 작업실을 이전한 주된 이유였지만, 지나치게 많은 방문객으로 붐비는 거리가 싫어진 이유도 있다고 했다.

K씨뿐 아니라 당시 함께 가게를 운영하며 친하게 지내던 사람들도 이제 하나둘 한남동을 떠나 좀 더 한적한 곳으로 이주한다고 했다. 그녀는 한남동에서 혼자 작업실을 시작하기 전, 강남에서 친구와 동업을 했다. 그러나 왠지 강남에서 사업을 계속하고 싶지는 않았다.

> "저는 강남의 그 매끈한 건물들이 주는 느낌이 그다지 좋지 않았어요. 저는 청담동에서 나고 자랐지만, 오히려 이태원에서 사업하시던 아버지를 따라 드나들던 이곳(이태원)이 훨씬 정이 가요. 그리고 당시(1990년대 말, 2000년대 초반) 강남에서 제가 하던 꽃꽂이 수업에 참여하는 분들은 대부분 신부수업의 하나로 생각하고 있었어요. 저랑은 가치관이나 여러 면에서 잘 맞지 않더라고요."

K씨와 같은 골목길에서 부티크식 옷가게를 운영하는 P씨도 동대문에서 옷 도매업을 하면서 백화점, 신사동 가로수길, 명동에 가게를 갖고 있었다. 그러나 아이 양육과 병행하기가 어려워 도매사업을 정리하고 독립적인 소규모 옷가게를 1년 전에 시작했다. 그녀는 대학에서 건축을 전공하고 대학원에서 의상학을 공부했다. 대학원 졸업 후 기성 브랜드 기업에 입사했으나, 자신만의 스타일로 옷을 만들고 싶어서 2년 만에 회사를 그만두고 친구와 독립했다. P씨가 신사동 가로수길을 떠난 이유도 꽃꽂이 작업실을 운영하는 K씨와 마찬가지로 관광객이 붐비는, 대형 프랜차이즈가 들어선 가로수길에서 더 이상 일을 하고 싶지 않아서였다.

한남동에 위치한 K씨의 꽃꽂이 작업실

한남동 골목길의 임대료가 상대적으로 저렴한 것도 있지만, 무엇보다 조용하고 한적한 동네 분위기가 좋다고 했다.

이태원에서 활동하는 새로운 소상공인과의 인터뷰에서 발견한 특이사항은, 지금까지 대중매체에서 보도된 것마냥 이들이 반드시 자본의 논리에 의해서 자신들이 창조한 공간에서 쫓겨나는 피해자만은 아니란 점이다. 경리단길에서 와인바를 운영하는 L씨, 꽃꽂이 작업실을 운영하는 K씨나 같은 골목길에서 옷가게를 운영하는 P씨 모두 지금은 관광객으로 붐비는 명동처럼 변해버린 경리단길이나 가로수길에서 더는 사업을 하고 싶지 않다고 입을 모았다.

이태원 골목길을 변화시킨 새로운 소상공인들은 목적 없이 미디어나 페이스북, 인스타그램에 있는 사진을 보고 찾아드는 방문객보다 이들이 창업 당시 처음 만났던, 이태원의 오래되고 좁은 골목길에서 자신들과 비슷한 사회적, 경제적, 문화적 배경을 가진 서로 교감하고 소통할 수 있는 새로운 소비자들을 다시 찾고 있었다. 예술적인 감각을 바탕으로 한 기존의 소상공인들과는 구분되는, 자신들의 상업적인 활동에 대한 가치를 인정하고 소비함으로써 이들의 활동을 지속시키는 새로운 소비자들과의 사회적인 네트워크를 중요하게 생각하기 때문이다.

이태원의 변화를 이끄는 새로운 소상공인들은 경제적인 윤택함보다 삶의 질에 더 많은 관심을 가진 문화적 신계층이었다.

02

이태원 골목길을 소비하는 사람들

이태원 골목길에 나타난 변화는 독특하고 질 높은 상품에 대한 수요와 서비스 산업의 성장이 있었기에 가능했다. 이태원의 변화를 직접적으로 이끈 사람들은 새로운 소상공인이지만, 이들의 독창적인 상업 활동에 대한 가치를 인정하고 소비함으로써 이들의 활동을 지속시켜 변화를 확산해 젠트리피케이션을 일으킨 것은 새로운 소비자 계층이다. 새로운 소비자 계층의 특성을 파악하기 위해 2018년 8월 9일부터 15일까지 1주일가량 이태원을 방문한 경험이 있는 집단을 대상으로 구글 독스Google docs를 이용해 온라인 설문을 했다.

새로운 소상공인에 의해 변화된 이태원 골목길을 소비하는 이들은 새로운 소상공인과 비슷한 사회적, 문화적 배경을 가지고 있다. 이태원에서 꽤 유명했던 브런치 식당, 수지스의 페이스북 페이지 'Suji's Story'에 적힌 고객층에 대한 묘사가 눈길을 끈다.

"어머님이 차려주시는 뉴욕 스타일 컴포트 음식을 제공하는 수지스는 2005년 이태원에서 작은 규모로 시작되었습니다. 처음에는 고국의 음식을 그리워하는 주재원들이 주 고객층이었지만 시간이 지나면서 유학 생활을 하고 돌아와 뉴욕이 그리운 이들과 아침을 깨우는 아메리카노를 좋아하던 사람들 그리고 친한 벗과 와인 한 잔을 나누던 곳을 찾던 사람들에 의해 점점 다양하고 많은 고객층이 생겨났습니다."

수지스 식당의 페이스북 페이지에 있는 내용처럼 세계화의 영향으로 문화적 자본을 획득한 글로벌 엘리트 계층의 차별화된 소비 행태는 이태원의 골목길을 변화시키는 촉매 역할을 했다. 이들의 특성에 대해서 좀 더 자세히 알아보자.

01 20~30대 여성, 직장인, 학생, 취업준비생

설문에 참여한 응답자의 특성을 살펴보면, 성별 구성은 남자 41%, 여자 59%로 이태원 골목길을 소비하는 이들 가운데 여성이 남성보다 약 20% 많은 것으로 나타났다. 이들의 연령대는 20~30대로 대표되는 밀레니얼이 76%를 차지해 가장 높았으며, 40대인 X세대와 50대인 베이비붐 세대가 각각 11%, 10%였다.

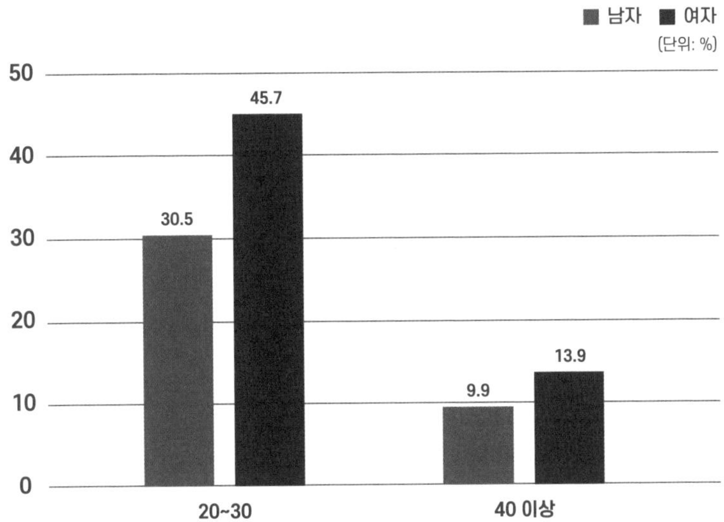

이태원의 새로운 소비자 계층 성별

새로운 소비자들의 직업 특성은 직장인이 50%로 가장 높게 나타났고, 그다음으로 학생과 취업준비생이 28%로 나타났다. 그리고 예술계나 전문직 종사자는 10%였다. 연령별 직업 구성을 살펴보면 20~30대는 직장인 비율이 55.7%로 가장 높았고, 40대 이상의 경우에는 주부의 비율이 58.3%로 높게 나타났다. 이들이 이태원을 방문할 때 이용하는 주요 교통수단은 지하철이 64%이며, 자가용은 16%, 버스나 택시를 이용하는 경우는 17%인 것으로 나타났다.

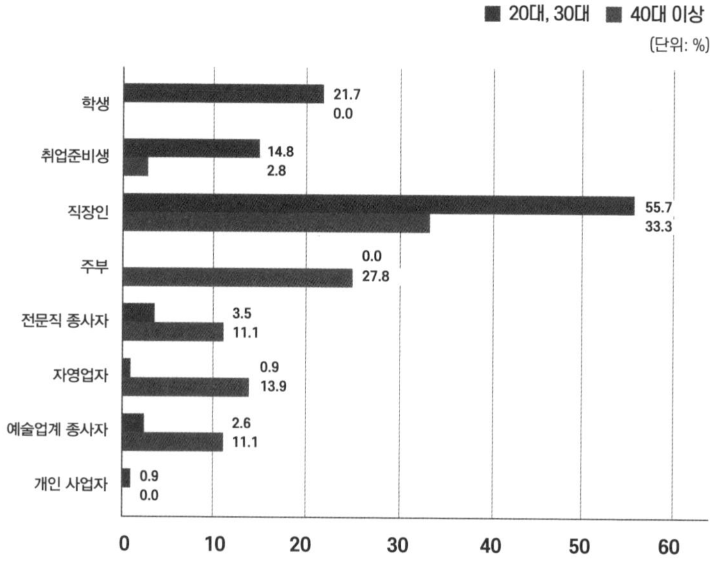

이태원 골목길을 소비하는 이들의 연령대별 직업군 특성

02 사회적 관계를 통해 정보를 습득하는 사람들

변화된 이태원 골목길을 소비하는 이들이 이태원의 오래된 골목에 위치한 이국적이고 독특한 카페나 레스토랑 혹은 부티크 등의 핫플레이스를 알게 된 경로가 매우 흥미롭다. 미디어나 페이스북, 인스타그램, 트위터 같은 SNS 또는 블로그를 통하는 경우가 대부분이리라는 예상과 달리 가족과 친지, 친구, 동료 등 주변 사람의 소개인 경우가 56.2%로 가장 높게 나타났다.

디지털 문화에 가장 익숙한 20~30대 밀레니얼 세대도 응답자의 60% 정도가 주변 사람의 소개로 이태원 지역을 방문하는 것으로 나타났으며, 미디어나 SNS, 블로그를 통하는 경우는 38%에 불과했다. 40대 이상 남성의 경우에는 주변 사람(33.3%)보다 미디어에 대한 의존도가 53.3%로 20%나 높게 나타났으나 여성의 경우에는 미디어(38.1%)보다 주변 사람(57.1%)에 대한 의존도가 20% 정도 더 높게 나타났다.

이태원에는 친구들과 방문하는 경우가 가장 많은 것(63%)으로 나타났는데, 연인과 함께 방문하는 경우는 18%, 가족 친지와 함께 방문하는 경우도 16%로 나타났다.

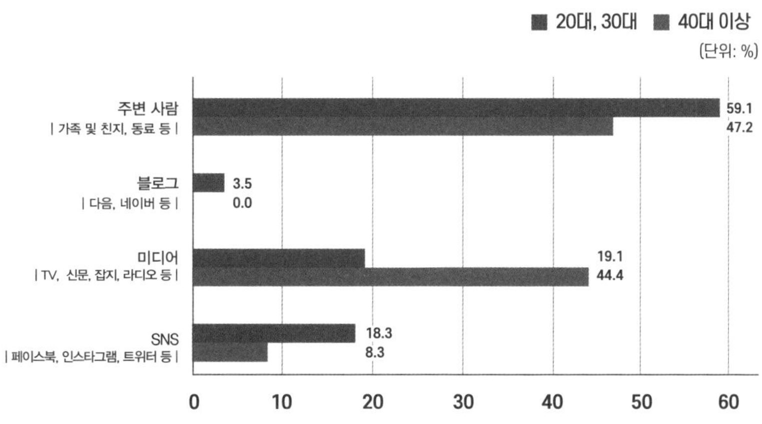

이태원의 핫플레이스를 알게 된 경로

03 글로벌한 경험과 이국적이고 독특한 분위기를 추구하는 취향

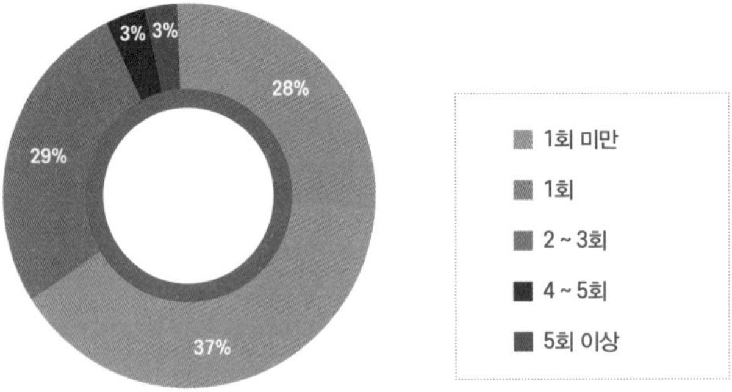

이태원 골목길을 소비하는 이들의 1년 동안 해외 경험

이태원의 골목길을 소비하는 이들은 새로운 소상공인들과 마찬가지로 풍부한 해외 경험이 있는 것으로 나타났다. 설문에 참여한 응답자 가운데 97%가 해외 경험이 있으며, 이 가운데 1년에 1회 이상 해외에 나간다는 응답자가 무려 71%나 되었다.

응답자의 글로벌한 경험은 이들이 서울의 홍대, 가로수길, 강남역 같은 다른 핫플레이스 가운데 이태원을 선택한 이유와 관련이 있다. 새로운 소비자들은 이태원의 이국적이고 독특한 분위기(47%) 때문에 이곳을 방문하는 것으로 나타났다. 그다음으로는 다양한 먹을거리(25%)와 트렌디한 장소가 많아서(18%) 이태원을 방문하는 것으로 나타났다. 그러나 '문화 생활을 위해서' 이태원 지역을 방문하는 경우는 5%에 불과했다.

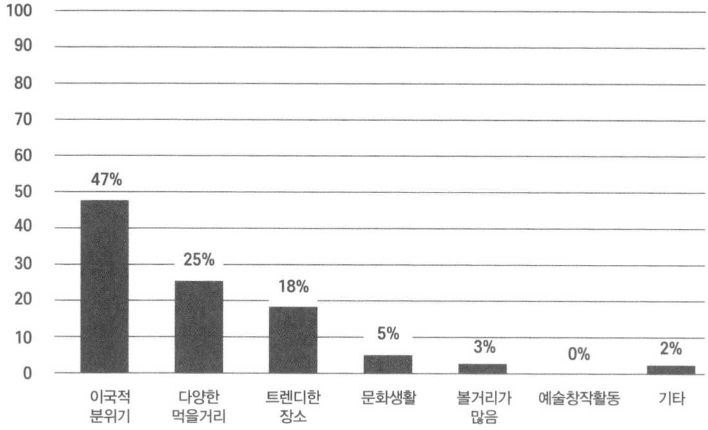

여러 핫플레이스 가운데 이태원을 선택한 이유

이태원의 골목길을 소비하는 이들이 해외 도시의 핫플레이스와 이태원을 비교했을 때 이태원만이 갖는 매력에 대해서는 '이국적이다' '다양한 문화가 있다' '맛집이 많다' '좁은 골목길이 매력 있다' 그리고 '지하철역과 가까운 접근성'이라고 답했다.

구분	키워드	응답 요약
1	다문화	이국적이다. 다양한 문화가 있다.
2	맛집	맛집이 많다.
3	한국이라는 친숙함	이국적이지만 한국이라 친숙하게 느껴진다.
4	이태원만의 독특한 분위기	자유로움. 생동감. 활기참. 분위기 있는 펍과 카페와 맛집.
5	트렌디함	트렌디하고 핫플레이스가 많다.
6	골목길	좁은 골목길의 매력
7	접근성	이태원역과 가깝고 지하철 6호선으로 인해 접근성이 좋다.

해외 도시의 핫플레이스와 비교했을 때 이태원만이 갖는 매력

04 10만 원 미만의 소비 규모를 가진 맛집 선호자

이태원의 골목길에서 가장 많은 소비 활동이 일어나는 곳은 음식점이다. 소비자의 81%가 맛집(59%)과 펍 또는 바(22%)에서 소비하는 것으로 나타났으며, 쇼핑은 겨우 5%에 불과했다.

설문에 참여한 응답자 가운데 이태원의 골목길을 찾는 이유가 '먹을거리가 많기 때문'이라고 응답한 경우, 85%가 '맛집'에서 소비 활동이 이뤄졌다. 또한 방문 이유가 '트렌디한 곳이 많기 때문'인 경우에는 '펍 또는 바'(41%)와 '맛집'(37%)에서 소비 활동이 이뤄졌다. '펍 또는 바'와 '클럽'을 찾는 이들은 주로 20대 밀레니얼로 나타났으며, '맛집'의 경우에는 30대 밀레니얼이 다수로 나타났다.

이태원, 한남동, 경리단길과 관련된 해시태그#를 2016년부터 2018년까지 연도별 누적 게시물과 반응도를 파악해 그래프로 나타냈다. '#이태원'과 관련된 반응도가 높은 해시태그 검색어는 '이태원 맛집' '이태원 카페' '이태원 클럽' '이태원 데이트' '이태원 핫플'이며, 반응도가 가장 높은 검색어는 '이태원 맛집'이었으나 2017년 이후 '이태원 클럽'이 급격하게 증가한 것을 알 수 있다.

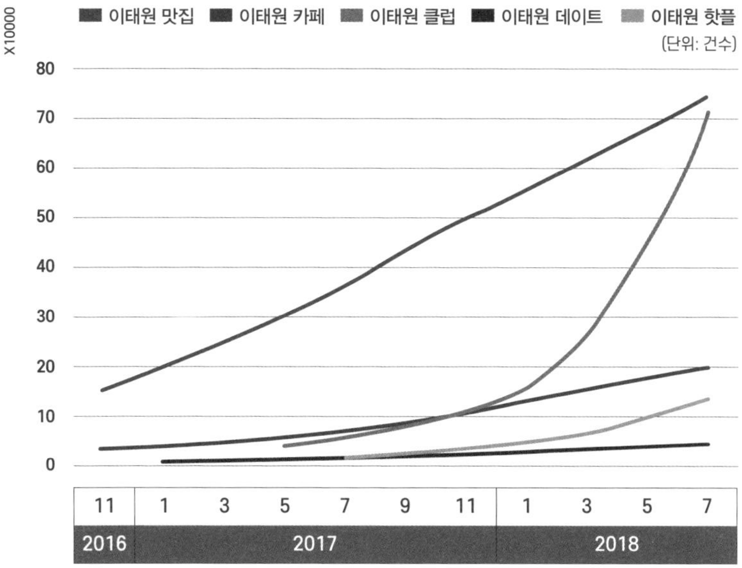

2016~2018년 이태원의 누적 게시물과 반응도

'#한남동'과 관련된 반응도가 높은 해시태그 검색어는 '한남동 맛집' '한남동 카페' '한남동 미용실' '한남동 네일' '한남동 꽃집'이다. 그리고 '#경리단길'과 관련된 반응도가 높은 해시태그 검색어는 '경리단길 맛집' '경리단길 카페' '경리단길 술집' '경리단길 데이트' '경리단길 핫플'이다. 이 가운데 가장 높은 것은 이태원과 마찬가지로 한남동과 경리단길 모두 '맛집'이며, 그다음이 '카페'로 나타났다.

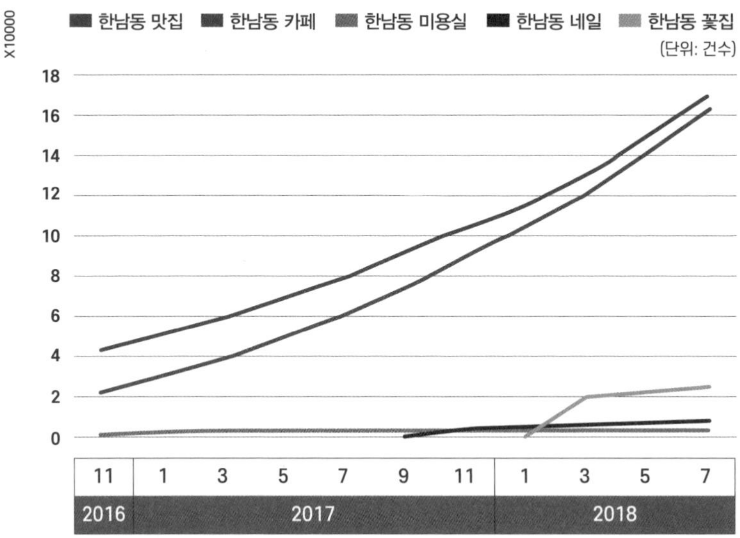

2016~2018년 한남동의 누적 게시물과 반응도

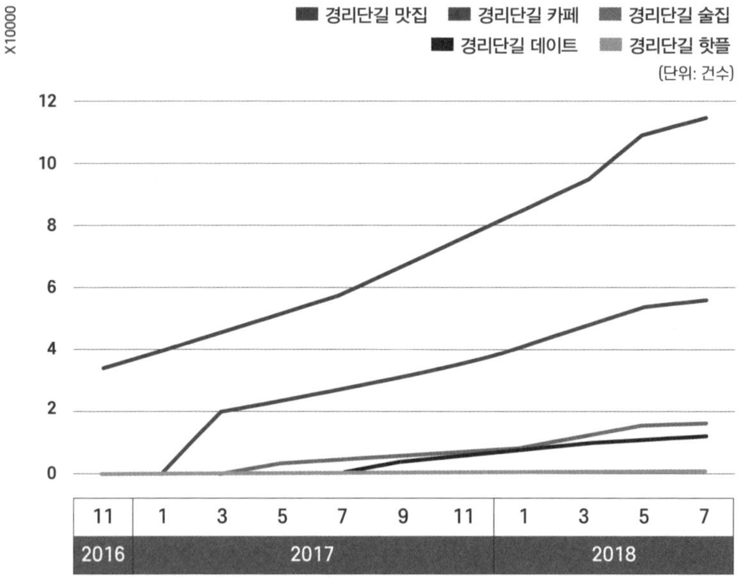

2016~2018년 경리단길의 누적 게시물과 반응도

이태원 골목길을 소비하는 이들이 하루에 소비하는 평균 금액은 10만 원대 미만(83%)으로 나타났다. 이들의 지출 규모에 따른 소비 행태를 살펴보면, 이태원 방문 시 지출 비용이 5만 원 이하일 때 69%가 맛집에서 소비하는 반면, 펍 또는 바에 소비하는 비율은 13%이다. 이태원의 펍 또는 바, 클럽을 이용하거나 쇼핑하는 경우에는 지출 규모가 증가하는 것으로 나타났다.

이태원, 한남동, 경리단길과 관련된 해시태그의 누적 게시물과 반응도 분석 결과에서 나타났듯, 이태원 지역에서 새로운 소비자 계층의 소비 활동이 가장 많이 일어나는 곳은 맛집과 카페다.

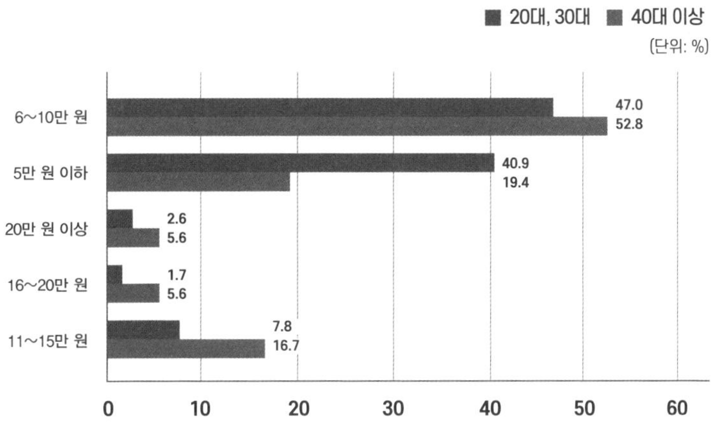

이태원 골목길을 소비하는 이들의 연령대별 지출 규모

0
3

이태원 골목길에서 만난 사람들

01 미술을 사랑하는 작가 부부
이태원동 PP 화실 임채송 · 김석호 작가

이태원 앤틱 거리 언덕에 위치한 작업실에서 두 작가를 만났다. 30대 초반인 두 작가는 같은 학교에서 미술을 전공한 예술가 부부다. 지금의 작업실은 2016년 결혼하면서 두 작가가 공동으로 작업도 할 수 있고 취미 미술 수업도 진행할 수 있는 공간으로 마련한 것이다. 자신들이 사랑하는 미술을 통해 사람들과 소통하기 위해 나만의 작업실이 아닌, 모두가 미술을 즐길 수 있는 작업실을 만들었다. 마침 취미 미술 수업을 찾고 있어서 수업에도 참여하고, 그들이 경험한 이태원의 변화에 대해서 듣기 위해 찾아갔다.

이태원의 앤틱 거리 언덕에 위치한 임채송·김석호 작가의 작업실

Q 이태원에 온 특별한 이유가 있었나요?

A 가장 큰 이유는 교통이 편리해서였어요. 이태원은 서울의 중심에 있어서 어디로든 가기가 쉽더라고요. 저희는 작품 전시도 준비해야 하고, 학교 수업도 해야 하고, 또 학위논문도 마무리해야 하기 때문에 이동이 편리한 곳이 절대적으로 필요했어요. 2015년부터 작업실 겸 거주공간을 찾았는데, 보광동이 상대적으로 임대료가 저렴해서 집을 구해서 살았어요. 저렴한 임대료 외에도 보광동에는 예술을 하는 청년들이 많았어요. 서울시에서 지원도 많이 해주었고, 20~30대 청년들이 공방 겸 가게로 운영하는 곳이 많이 있었죠. 지금과는 상황이 달랐어요. 우사단로 계단장이 매달 열리고 아주 활기가 넘쳤죠. 지금은 이곳에서 활동하던 청년 예술가들이 서울 외곽으로 많이들 빠져나갔어요. 계단장이 유명해지면서 임대료가 천정부지로 올랐으니까요. 지금은 빈 가게들이 많아요. 경리단길과 비슷하죠.

Q 이태원에서 화실을 오픈한 이유가 있나요?

A 현재 화실은 2016년 결혼 준비를 하면서 찾은 곳이에요. 보광동의 집은 작업을 하기엔 적당하지가 않아서, 주거와 분리된 독립 작업 공간을 찾았어요. 집에서 가까운 것이 큰 장점이기도 하지만, 이태원에는 화실이 하나도 없더라고요. 교통도 좋아서 취미로 미술을 하는 분들이 오시기에 좋겠다고 생각했어요.

Q 작업 활동도 활발하게 하는데, 화실까지 하려면 힘들지 않으신가요?

A 화실은 원래부터 우리가 생각했던 거였어요. 스무 살 때부터

입시학원, 미술학원 그리고 학교에서 계속 학생들을 가르쳐서 익숙하고 무엇보다 미술을 통해서 사람들을 만나는 게 즐거워요. 성인 취미 화실을 시작한 이유는 이태원에 입시학원을 할 정도의 공간이 있는 건물도 많지 않고, 그만큼의 수요도 없고요. 요즘엔 워낙 취미 활동을 활발히 하니까 성인을 대상으로 한 취미 화실을 하면 좋겠다고 생각했어요. 그리고 저희는 둘 다 예술 분야에 있다 보니까 다른 분야에서 일하는 분들을 만날 기회가 많지 않아요. 그런데 취미 화실을 하면 다양한 분야에서 일하는 분들과 교류도 가능하고, 모르는 분야에 대해서 배울 수도 있어서 좋죠.

Q 이태원에서 화실을 시작할 때, 부담도 많으셨을 것 같은데요. 이태원은 뭘 배우러 온다기보다는 놀러 오는 곳으로 인식되어 있지 않은가요?

A 처음 오픈할 때 부담이 없지는 않았어요. 저희는 작품 전시뿐만 아니라 학교에서 수업도 진행했거든요. 그래서 지금은 학교 수업을 줄이고 화실에 좀 더 집중하고 있어요. 마케팅은 블로그나 인스타그램을 통해 많이 했고요. 시간이 지나니까 회원 수가 조금씩 늘더라고요. 현재 회원은 30명 정도 되는데, 저희한테는 이 정도가 제일 적당해요. 저희가 돈을 목적으로 시작한 것이 아니라서요. 돈을 목적으로 했다면 이런 식으로 운영하지 않죠. 지금처럼 회원제가 아니라 원데이 클래스를 하는 게 훨씬 나아요. 가르치기도 쉽고. 그렇지만 저희는 화실에 오는 분들이 여러 재료를 사용해서 본인이 하고 싶은 작품

을 최대한 즐겁게 할 수 있도록 하고 싶어요.

Q 작품 활동을 위한 재충전은 어떻게 하세요?

A 주로 제주도나 해외로 나가요. 학생 때는 미술관을 찾아다녔는데, 지금은 주로 쉬러 가죠. 사람들이 많지 않은 조용한 곳에서 쉬면서 재충전의 시간을 갖는 편이에요. 요즘엔 바빠서 여행은 자주 못 가고 1년에 한두 차례 가는 편이에요.

"저희가 미술을 사랑하는 것처럼
저희 화실에 오는 분들도
미술을 사랑하게 되었으면 좋겠어요."

02 카리스마 넘치는 개성만점의 플로리스트

한남동 플라워스튜디오 아미, 김나연 플로리스트

한남동 나인원 한남 근처에 작업실이 있는 김나연 플로리스트는 경영학을 전공하고 금융권에서 일했다. 그녀는 1990년대 말 아시아 금융위기 때 직장을 그만두고 취미로 시작한 꽃꽂이에 '꽃혀' 사업을 시작했다.

Q 언제부터 이태원에서 사업을 시작하셨나요?

A 2000년대 초반, 취미로 배우던 꽃꽂이를 친구와 함께 사업으로 시작했어요. 다시 직장 생활을 하고 싶지는 않았어요. 처음엔 강남에서 꽃꽂이 수업을 했는데, 그때는 좀 재력 있는 집안의 딸들이 신부수업의 하나로 많이들 했죠. 경제적으로 여유 있는 젊은 아기 엄마들도 많았어요. 저랑은 코드가 잘 맞지 않았어요. 저는 청담동에서 자랐는데도 이상하게 강남보다 빈티지한 분위기의 이태원이 좋았습니다. 아버지가 하시던 사업 때문에 어렸을 때부터 이태원에 자주 왔거든요. 지금도 저는 여기가 훨씬 좋아요.

Q 금융권이면 모두가 선망하는 직업인데, 상당히 안정적인 직업을 그만두는 데 용기가 필요하지 않았을까요?

A 경영학을 전공했으니까 대학을 졸업하고 자연스레 금융권에서 일을 시작했는데, 솔직히 매달 봉급이 들어오는 걸 제외하

김나연 플로리스트의 한남동 작업실

고는 매일매일 반복되는 비슷한 일상이 재미있지 않았어요. 물론 아주 안정적이고, 가끔 내가 그 좋은 직장을 왜 그만두었나 하는 생각도 하죠. 혼자 사업을 한다는 게 쉽지만은 않으니까요. 그렇지만 크게 돈을 벌려는 욕심이 넘치는 것도 아니고, 제 삶을 즐길 수 있는 정도의 돈만 있으면 된다고 생각해요. 저는 제가 하고 싶은 일을 하면서 즐겁게 사는 게 좋습니다. 여행 가고 싶을 때 갈 수 있는 정도면 되지 않을까요?

"헤비메탈을 좋아해서 저 혼자 있을 때는
메탈 음악을 크게 틀어놓고 작업을 하거든요.
가끔 꽃 사러 들어온 손님들이 흠칫 놀라기도 해요.
꽃꽂이한다고 꼭 조용한 클래식 음악을 듣고
'여성여성'한 것은 아니거든요.
전 제 개성대로 살아요."

Q 제법 일찍 이태원에서 사업을 시작하셨어요. 그동안 이태원이 많이 변했나요?

A 이태원에서 2003년부터 사업을 시작했어요. 강남에서 동업하던 친구와 헤어지고 혼자서 제일기획 근처에서 새롭게 시작했죠. 처음에는 아버지 소유의 건물 1층에서 오픈했기 때문에 사업자금이 크게 필요하지 않았어요. 그런데 아버지가 건물을 처분하시고 건물주가 들어오면서 임대료와 권리금을 많이 요구해서 어쩔 수 없이 지금의 자리로 옮겼어요.

오히려 현재 위치가 조용해서 작업하기는 더 좋습니다. 초창기에는 유동인구가 많지 않았거든요. 저는 꽃을 팔기는 하지만 수업에 더 치중하기 때문에 복잡한 곳보다 한적한 곳을 선호해요. 그런데 최근 3~4년 사이에 갑자기 사람들이 많이 오니까 건물주들이 임대료를 막 올리는 거예요. 부동산에서 건물주를 부추기는 경우가 많죠. 건물 한두 곳이 올리면 주변에서 덩달아 같이 올리고.

그래서 초창기에 이곳에서 사업을 했던 사람들이 많이 떠났어요. 임대료가 오른 탓도 있지만, 한적했던 거리가 복잡해지니까 떠나는 경우도 많아요. 저도 여기에서 계속해야 하나 싶을 때도 많아요. 왜냐하면 이 거리의 문화 자체가 많이 바뀌었거든요. 처음엔 독특한 자기만의 분위기가 있는 가게들이 많았는데, 점점 더 이윤을 추구하는 사업자들이 들어오고 있어요. 물론 권리금이나 임대료를 많이 내고 들어오니까 이윤을 많이 남기고 싶겠죠. 하지만 이곳의 문화는 그렇지 않았거든요. 처음에 코드가 잘 맞던 소비자들도 이곳이 지나치게 관광객들로 붐비니까 안 오기도 하고, 저랑 한두 곳 정도만 남고 나머지 분들은 다 떠나셨어요.

Q 좀 진부한 질문이기는 한데, 요즘 젠트리피케이션 관련해서 정부가 여러 대책 방안을 마련하려 하잖아요, 소상공인 입장에서는 어떤가요? 혹시 정부에 바라는 바가 있나요?

A 음…… 저는 경영을 전공했는데, 개인적으로 정부의 시장 개입은 바람직하지 않다고 봐요. 젠트리피케이션은 자본주의 사회에서 발생하는 일이고, 이걸 정부가 어떻게 막을 수 있나 싶

기도 하고요. 또 그게 맞는 건가 싶고요. 차라리 저희 같은 입장에서는 원재료의 유통구조나 부동산 중개인이 임대료를 부추기는 행위 등을 단속해 주면 좋겠어요. 원재료 유통구조는 예를 들면, 저희 같은 소상공인은 일반 소비자들보다 원재료를 좀 더 저렴하게 살 수 있는 구조여야 이윤이 남고 계속해서 사업을 할 수 있잖아요. 그런데 지금은 일반 소비자나 저희나 다 같은 꽃시장에 가서 꽃을 삽니다. 아쉽죠. 솔직히.

03 60's 레트로 스타일에 흠뻑 빠진 카페 사장님

보광동 카페 문랜딩, 이혜진 사장

문랜딩은 보광동 뒷골목에 위치한 카페다. 이혜진 사장은 중국어를 전공하고, 회사에서 디스플레이 관련한 일을 10년 정도 했다. 그녀의 남다른 인테리어 감각은 도예를 전공한 어머니의 영향으로, 동생 또한 사진작가로 활동 중인 예술가 집안이다. 그녀의 뛰어난 베이킹 노하우는 어릴 적 어머니가 구워주던 케이크나 비스킷을 먹으며 틈틈이 익혔다고 했다. 그녀는 현재 해방촌에서 반려견인 미르와 함께 살고 있다.

Q 카페가 정말 후미진 골목길에 있네요, 주변을 몇 번이나 돌아서 겨우 찾았어요. 이곳에 카페를 오픈한 이유가 있나요?

A 2017년 회사를 그만두고 사업을 구상하면서 이태원 이곳저곳을 많이 다녔어요. 해방촌은 물론 경리단길에서도 가게를 많이 둘러봤어요. 회사를 그만두고 한동안 일을 좀 익히고 싶어서 경리단길에 있는 카페에서 아르바이트했거든요. 그런데 임대료가 비싸기도 하고 무엇보다 제가 원하는 동네 분위기가 아니었어요. 특히 해방촌은 급하게 변하고 있어서 예전의 빈티지한 동네 분위기가 사라지고 있었죠. 보광동은 그때까지 덜 알려져 있었고, 특히 이 골목은 정말 조용했어요. 햇빛도 잘 들어서, 오픈한 카페 테이블에 앉아서 커피를 마시면 햇살이 아주 환하게 들어와요. 그게 너무 좋아요. 그리고 동네 분

문랜딩 카페 내부 풍경

들도 정말 좋으시고요.

Q 요즘 취직하기가 어려운데, 직장을 그만두고 사업을 시작한다고 했을 때 가족 반응은 어땠나요, 두렵지는 않았나요?

A 물론 걱정을 많이 하셨어요. 아무래도 안정적인 수입이 있는 것과는 다르니까. 그런데 저는 회사의 소모품처럼 하루하루 지내는 게 싫었어요. 처음 직장 생활을 할 때는 모든 게 새롭고 재미있었죠. 그런데 시간이 지나면서 성취감도 떨어지고. 뭔가 내 일을 하고 싶다는 생각을 많이 했어요. 직장 생활을 한 지 10년쯤 되니까 이제는 정말 내 일을 시작해야겠다는 결심이 섰습니다. 지금이 아니면 못하겠더라고요. 나이 들면 아무래도 두려움이 더 커지잖아요. 어머니가 많이 도와주셨는데, 제가 실망할까 봐 하루에 커피 한 잔만 팔면 된다고, 그냥 재미있게 하라고 격려해 주셨어요.

Q 레트로한 스타일의 카페 인테리어가 마음에 듭니다. LP도 눈길을 끄네요. 소품 구하기도 쉽지 않았을 것 같은데요.

A 레트로 스타일이 요즘 워낙 인기가 있지만, 저는 원래 이런 스타일을 좋아해요. 음악도 1960~1970년대 유행한 것을 주로 들어요. 여기 있는 LP 레코드들은 부모님이 가지고 계셨던 것들과 음악을 좋아하는 남자친구와 하나하나 모은 것들이에요. 남자친구가 일본으로 출장을 자주 가는데, 거기서 사오기도 하고요. 소품들은 제가 그동안 디스플레이 관련한 일을 해서 아무래도 다른 분들보다 좀 쉽게 구할 수 있었어요.

133

카페 문랜딩을 지키는 개 '미르'

이 카페는 남자친구와 제가 둘이 직접 인테리어했는데, 정말 재미있었죠. 고생도 많이 했지만, 페인트 컬러 하나하나, 부엌 가구 그리고 화장실까지 우리가 모두 세세하게 선택했기 때문에 무척 애정이 가요. 워낙 오래된 공간이라 계속 뭔가를 해야 해요. 이제 겨울 준비를 해야죠(인터뷰는 2018년 10월에 이뤄졌다). 단열이 잘 안 돼서 겨울이 좀 걱정되기는 합니다. 외부에 노출된 화장실도 걱정이죠. 오래된 건물에 입주하니까 아무래도 이곳저곳 손이 가는 게 많지만, 그것도 다 경험이죠.

Q 동네 분위기가 마음에 들어서 카페를 열었다고 했는데, 조금 더 이야기해 주세요.

A 이 동네는 서울에서 아직도 이웃의 정을 느낄 수 있는 드문 곳이라고 할까요? 카페를 오픈하려고 남자친구와 공사하니까 식당을 하시는 옆집 할머니, 할아버지께서 친자식처럼 걱정을 많이 해주셨어요. 이런 데서 장사 시작하면 어떡하냐고. 망할까 봐 걱정이 많으셨죠. 오며가며 안부도 물어주시고, 밥도 챙겨주시고. 그런 따뜻함이 좋았어요.

그리고 마침내 카페를 오픈했을 때, 처음에는 정말 손님이 한 명도 없었어요. 온종일 혼자 있기도 했죠. 간판도 없이 시작했는데, 아마 동네 분들이 뭐하는 곳인가 궁금해하셨던 거 같아요. 그런데 한 분씩 오셔서 구경도 하고, 커피를 주문하시고, 제가 굽는 비스킷과 스콘을 좋아해주셨어요. 어느새 단골손님도 생겼죠. 우리 집 커피 맛을 알아주시니까 참 고맙죠.

"제가 내리는 커피 맛에 함께 공감하는 분들,
제가 들려드리는 비틀스 음악을
함께 들을 수 있는 분들이 계시면
그걸로 충분해요.
그분들이 단순히 커피를 마시러 오는 게 아니라
이 공간에서 저와 함께 시간을 보내는 것이라 생각해요."

Q 요즘 젊은이들이 자기 사업을 많이들 꿈꾸고 창업도 많이 하잖아요. 그렇지만 폐업률도 정말 높습니다. 창업을 생각하는 분들에게 먼저 경험한 사람으로서 조언하고 싶은 게 있을까요?

A 저는 자기가 정말 원하는 아이템이 분명해야 한다고 생각해요. 리서치도 많이 해야 하고, 다른 사람들과 차별화된 나만의 아이템이 무엇인지 알아야 해요. 막연히 장사해야겠다 싶어서 프랜차이즈나 식당을 오픈하는 분들을 많이 봤는데, 대개 3개월 정도밖에 못 버티는 것 같았어요. 저도 힘들었지만, 나에 대한 믿음 그리고 내가 시작한 이 사업에 대한 열정이 있기 때문에 버틸 수 있었습니다.

어떤 면에서 사업이나 장사는 버티는 일이거든요. 저는 메뉴도 끊임없이 구상하고 개발하려 해요. 그게 정말 재미있고 손님이 좋아해주면 힘이 나죠. 그리고 저 같은 경우에는 손님들이 지나치게 많이 몰리는 것보다 적당히 오시는 게 더 좋더라고요. 제가 정신이 없으면 제대로 서비스도 못 해드리니까요. 여유 있게 재미있게 하고 싶어서 시작한 일이라 직장 다닐 때처럼 바쁘게 스트레스를 받으며 노동하고 싶지는 않거든요.

모든 일이 다 그렇지만, 특히 이런 일은 돈을 많이 벌겠다는 것보다 내가 좀 더 높은 퀄리티의 서비스를 제공하면 많이는 아니지만 적당히는 벌 수 있는 것 같아요. 그 '적당히'가 개인마다 다르겠지만, 저는 이 정도면 만족해요.

Q 여가 시간엔 주로 뭘 하세요?

A 집에서 음악을 들으며 쉬고, 미르와 산책 가고, 시간이 좀 날 때는 남자친구와 캠핑을 많이 해요. 우리는 앞으로 서울 외곽에 있는 곳에서 좀 더 큰 규모로 카페나 B&B[bed and breakfast]를 하려고 생각하거든요. 자연과 함께하는 삶이 정말 좋을 것 같아요.

04 생막걸리를 사랑하는 우리 술 전문점 사장님

보광동 우리 술 전문점 이야기중심, 김정희 사장

이야기중심의 김정희 사장은 학부와 대학원에서 실내건축을 전공하고, 인테리어 관련 일을 20년 넘게 했다. 주로 호텔이나 대형 건물의 인테리어 사업을 맡는 큰 규모의 회사에서 근무하다가, 2017년 자신이 사랑하는 우리 술 막걸리 전문점을 시작했다.

Q 실내인테리어 디자이너는 굉장히 선망하는 직업 아닌가요? 저도 인테리어에 관심이 많아서 한때 꿈꾸던 직업이었는데, 어떻게 전혀 다른 일을 시작하게 되셨어요?

A 음식을 요리하는 일이 전에 하던 일과 전혀 다른 일이 아니라 연장선에 있다고 생각해요. 음식을 요리하는 것도 새로운 것을 창조하는 일이잖아요. 이전에는 공간을 창조했다면 지금은 맛을 창조하는 일을 하는 거죠. 제 입장에서는 서로 연관성이 아주 높아요. 예술 하는 분들이 요리도 잘하는 경우가 종종 있잖아요.

Q 우리 술 전문점을 보광동에서 시작하게 된 계기가 궁금한데요.

A 처음에는 연남동에 가게를 오픈하려고 했어요. 그런데 임대료가 비싸더라고요, 이미 많이 알려져서 뭔가 새롭게 시작하는 기분이 들지는 않겠더라고요. 보광동은 자주 오가던 곳이라 익숙한 데다가 사람들에게 덜 알려진 동네지만 가능성이 충분

보광동 이야기중심 막걸리 리스트

히 있는 지역이라 생각했어요. 이곳 분위기가 마음에 들었죠. 우리 술 전문점을 오픈하게 된 계기는 제가 워낙 막걸리를 좋아해요. 전국 방방곡곡을 우리 술을 전문적으로 만드는 분들을 찾아다녔어요. 지금은 우리 집에서만 판매하는 막걸리를 먹으러 오는 고객들도 많아요. 요리하는 것을 좋아하고, 맛있는 음식을 먹으러 다니는 것도 좋아해서 제가 먹은 음식들을 응용해서 막걸리와 어울리는 음식을 만들고 있어요.

Q 사업 시작한 걸 후회한 적은 없나요? 요즘 워낙 경기가 좋지 않아서 힘들다는 분들이 많잖아요.

A 후회한 적은 없습니다. 저는 지금 하는 일이 정말 즐겁고 행복해요. 처음엔 친한 친구들도 잘 다니던 직장을 그만두고 음식점을 한다고 했을 때 많이 걱정했어요. 평범한 음식점도 아니고 막걸리를 판다고 하니까, 더 걱정했죠. 술장사를 바라보는 사회 인식도 아직 좋지는 않잖아요, 솔직히. 그렇지만 저는 왠지 모를 자신감 같은 게 있었어요. 꿈도 있고요. 지금 이곳(보광동)에서만 하는 걸로 만족하지 않습니다. 같이 사업하자는 제의도 받았어요. 우리나라뿐 아니라 중국이나 다른 아시아 국가에서도 사업을 펼쳐볼 생각이에요.

물론 힘든 시간이 있었습니다. 손님이 없어서 가게를 접어야 하나 고민한 시간이 있었죠. 그런데 저희 가게를 아껴주시는 단골손님이 친구들과 함께 오고, 소개도 많이 해줬어요. 정말 감사하게 생각하고 있습니다.

PART 04

소모되는
이태원 골목길

Butter Book

01

탈산업화 시대의 소비 공간, 이태원

1945년 미군부대의 주둔과 함께 기지촌으로 시작한 이태원은 꽤 오랫동안 이방인들의 공간으로, 내국인은 터부시했던 곳이다. 하지만 오늘의 이태원에는 이 공간이 지닌 독특한 역사로 인해 형성된 생경한 문화를 즐기는 사람들이 넘쳐나고 있다. 변화된 이태원을 소비하는 이들에게 이곳은 더 이상 거북한 기지촌이 아니다. 이곳은 외국에서 쌓은 다양한 경험과 추억을 재현할 수 있는 서울 속의 이국적 문화 공간이며, 현재를 마음껏 즐길 수 있는 소비 공간이다.

젠트리피케이션으로 종종 표현되는 이태원 골목길에 나타난 변화는 단순한 상업화의 변화 과정이 아니다. 이는 거대 도시 그리고 세계적 도시로 성장한 서울의 세계화와 관련이 있다. 서울의 세계화는 문화적 자본가이며, 초국가적 행위자들인 글로벌 엘리트들의 등장을 가능하게 했다. 이들의 차별화된 (생산과 소비) 활동은 획일적이던 서울이라는 도시 공간을 조금 더 풍요롭고 다양하게 바꾸고 있다.

이태원의 오래된 골목길에 나타난 변화는 탈산업화와도 밀접한 관련이 있다. 서울의 산업구조는 제조업 분야에서 문화를 기반으로 하는 창조산업과 서비스업으로 바뀌고 있다. 탈산업화 시대에 등장한 밀레니얼은 '한강의 기적'과 강남 개발의 신화를 경험한 그들의 부모 세대인 베이비부머와 뚜렷하게 구별된다. 밀레니얼은 자기 개성과 취향이 뚜렷하며, 자신만의 방식으로 현재를 살아간다. 그들은 대중적으로 지지를 받는 주류가 아닌 독특한 개성의 비주류에 열광하며, 강남 개발로 외면받던 강북의 낡고 좁은 골목들을 개성 넘치는 공간으로 재창조하고 있다. 그들은 안정된 직장 생활을 유지하려 노력하는 기존 세대와 달리, '워라밸'을 추구하며, 자신이 꿈꾸는 '내 스타일'의 사업에 도전한다.

이태원 골목길에 나타난 변화를 이끈 직접적인 행위자인 새로운 소상공인들도 탈산업화 시대의 새로운 계층이다. 이들은 대부분 이태원 지역의 장소성의 변화가 가장 활발하게 일어난 2010년대, 그들의 나이 30대 초중반에 제한된 경제적 자본으로 위험을 무릅쓰고 소규모 사업을 시작했다. 높은 교육 수준과 다양한 경력, 풍부한 해외 경험을 가진 문화자본가인 새로운 소상공인들은 기존의 소상공인들과 차별화한 상업 활동을 한다. 이들은 장기간의 여행, 교환학생, 유학 등으로 해외에 거주한 경험을 가졌다. 그리고 현재도 자유롭게 해외를 오가며, 외국어를 사용하는 데 불편함이 없는 엘리트 계층이다. 해외에 자신들의 사회적 네트워크를 가지고 외국인과 소통하며, 사회적, 문화적 자본을 획득한 계층이다.

새로운 소상공인들의 풍부한 해외 경험은 이들이 이태원 지역에서 사업을 시작한 이유와 연결된다. 이들은 이태원만이 가진 자유로움, 다양성, 포용성을 중요시한다. 이태원은 자신들이 추구하는 스타일의 사업을 꾸려갈 수 있는 자유로움을 허락한 장소이며, 이러한 자유로움에서 비롯된 독창적인 행위를 인정하는 소비자 계층이 존재하는 곳이다.

경제적 이익 혹은 성공을 가장 우선시하는 기성세대들이나 기존의 소상공인들과 달리 이태원의 골목길에 흡수된 새로운 소상공인들에게 가장 중요한 것은 가치 있는 삶이다. 이들은 적정한 수입을 올려 1년에 한두 번 해외여행을 갈 수 있는 정도의 여유가 필요하다는 태도를 보인다. 새로운 소상공인들은 다른 사람이 아닌 '나 자신의 인생'을 살기 위해 사업을 시작한 경우가 대부분이기 때문에 경제적 이윤을 극대화하려는 기존의 소상공인들과 차별화된다. 또한 새로운 소상공인들은 자신들의 상업적 활동에 대한 가치를 인정하고 소비함으로써 이들의 활동을 지속시키는 새로운 소비자들과의 사회적 네트워크를 중요하게 생각한다. 이러한 사회적인 네트워크의 형성과 유지 또한 그들이 추구하는 가치 있는 삶의 일부이기 때문이다.

이태원 골목길에 나타난 변화가 유지되는 것은 독특하고 질 높은 상품을 생산하는 새로운 소상공인들뿐 아니라 이러한 상품에 대한 가치를 인정하고 소비하는 새로운 소비자들이 존재하기 때문이다. 이태원의 새로운 소비자 계층은 새로운 소상공인 계층의 활동을 지속시키며, 이태원을 변화시키는 촉매 역할을 한다.

이태원의 주요 소비자 계층은 20~30대로 대표되는 밀레니얼

여성 직장인이다. 밀레니얼 여성들은 베이비부머나 X세대보다 상대적으로 교육 수준이 높고, 취업률 또한 높다. 그리고 반드시 결혼해야 한다거나, 결혼했더라도 아이를 꼭 낳아야 한다고 생각하지 않기 때문에 자기 자신을 위한 소비에 돈을 아끼지 않는다. 흥미로운 것은 새로운 소비자 계층이 이태원의 핫플레이스에 대한 정보를 '디지털 네이티브'답게 미디어나 SNS(페이스북, 인스타그램, 트위터 등), 블로그 같은 온라인에서 취득할 것이라는 예상과는 달리 사회적 네트워크에 의존한다는 것이다. 이는 새로운 소비자 계층도 새로운 소상공인 계층과 마찬가지로 사회적인 네트워크를 중요하게 생각하는 것으로 볼 수 있다.

변화된 이태원 골목길을 소비하는 새로운 계층은 이태원의 변화를 이끄는 새로운 소상공인 계층과 유사한 사회적, 문화적 배경을 갖고 있다. 이들 역시 대부분 20~30대의 젊은 청년층으로 높은 교육 수준과 풍부한 해외 경험을 바탕으로 문화적, 사회적 자본을 획득한 계층이다. 자신들이 해외에서 즐겼던 라이프스타일과 문화 생활을 초국가적 장소인 서울의 이태원에서 재현하려는 동기와 욕구를 지닌 우리 사회의 새로운 계층이다.

이들은 기존의 사회 통념이나 제도 그리고 가치관을 부정하고 사회의 관습에 구애받지 않는 진보적이고 보헤미안적이며, 일반 중산 계층과는 달리 쇠퇴한 구도심에서의 스타일이 있는 삶을 추구한다. 이들은 또한 상상력과 열정 그리고 창조자본을 토대로 한 창조 계층으로 산업사회의 거점 지역을 벗어나 탈산업사회에 그들만의 새로운 공간을 형성하고 있다. 결국 오늘날 이태원에서 발생하는 장소성의 변화는 피에르 부르디외가 이야기한 문화자본과 사회관계자본을 소유함으로써 일반 대중들과 구별되는, 새로운 행위자에 의한 '장소에 대한 초국가적 실천'의 결과라고 할 수 있겠다.

0
2

이태원의 변화, 그 이후
: 남겨진 골목길

한때 경리단길의 성공 신화는 전국적으로 퍼져나갔다. 2010년 무렵부터 이태원의 주된 상권 지역보다 상대적으로 저렴한 임대료를 찾아 해외에서 활동하던 유학파 셰프들이 경리단길로 모여들었고, 식당의 독특한 인테리어뿐 아니라 다른 곳에서 맛볼 수 없는 메뉴들로 금세 유명해졌다. 인기 연예인들도 이곳에 식당을 오픈하면서 경리단길은 SNS에서 가장 핫한 장소가 되었다. 서울시의 연리단길, 망리단길뿐만 아니라 지방에도 경주시의 황리단길, 부산시의 해리단길 같은 경리단길을 모방한 거리가 형성되었다.

'경리단길'이라는 이름은 경리단길의 초입에 위치한 육군중앙경리단(현재 국군재정관리단)에서 비롯되었다. 경리단길로 들어서면 2차선 차도를 사이에 두고 하얏트호텔 입구까지 양측으로 개성 넘치는 펍 스타일의 술집이나 카페 들이 즐비하게 들어서 있다. 초입부터 언덕길을 따라 올라가면 서울 시내와 남산이 한눈에 들어와

주말뿐 아니라 주중에도 사람들로 넘쳐났다. 2017년(10월 기준)까지만 하더라도 일평균 유동인구가 9,600명 정도였다.

하지만 지난해인 2018년부터 경리단길은 '신흥 골목상권의 잔혹사'로 소개되었다. 주중에도 제법 많던 사람들이 이제 주말에도 눈에 잘 띄지 않게 되었다. 2차선 차도를 사이에 두고 형성된 중심 상권에도 임차인을 구하는 '임대문의' 종이가 붙은 빈 점포들만 남아 경리단길은 텅 빈 거리가 되어버렸다.

경리단길을 가득 메우던 사람들은

다 어디로 갔을까?

자본주의 경제 체제에서 상권의 이동은 지극히 자연스러운 현상이다. 상권은 지역 환경과 소비 패턴 그리고 경제 시스템의 변화에 따라 이동하게 된다. 그러나 문제는 서울의 골목길 상권 이동이 점점 더 빨라진다는 것이다. 더구나 이러한 상권의 이동이 상권의 확장이 아니라 기존의 상권을 정체시키고 쇠퇴시키는 결과를 낳고 있다.

이태원의 경우, 이태원1동에서 경리단길로 그리고 해방촌에서 후암동으로 빠르게 이동하고 있다. 중소기업연구원의 보고서(2019)에 따르면, 골목길 상권의 성장 초기에는 적정 인프라와 서비스 공급으로 상권이 성장하지만, 이 과정에서 과다한 경쟁, 임대료 상승, 그로 인한 폐업과 환경 악화 같은 여러 형태의 문제가 발생하게 되어 상권이 정체되고 쇠퇴하는 것으로 나타났다.

상권 이동과 관련해 가장 큰 요인으로 지목되는 것은 임대료 상승이다. 한국감정원에서 제공하는 임대료 관련 자료에 따르면, 이태원동의 임대료는 중대형 상가의 경우, 2005년 1평당 8만 3,000원에서 2010년 12만 8,000원으로 증가했다. 2018년에는 15만 5,000원으로 증가했다. 소규모 상가의 임대료와 관련해서는 2015년부터 데이터가 제공되는데, 1평당 9만 9,000원에서 2018년 15만 원으로 증가했다. 중대형 상가의 경우에는 2015년 이후 상승폭에 큰 변화 없이 15만 원대를 유지하는 반면, 소규모 상가는 큰 폭으로 상승했다.

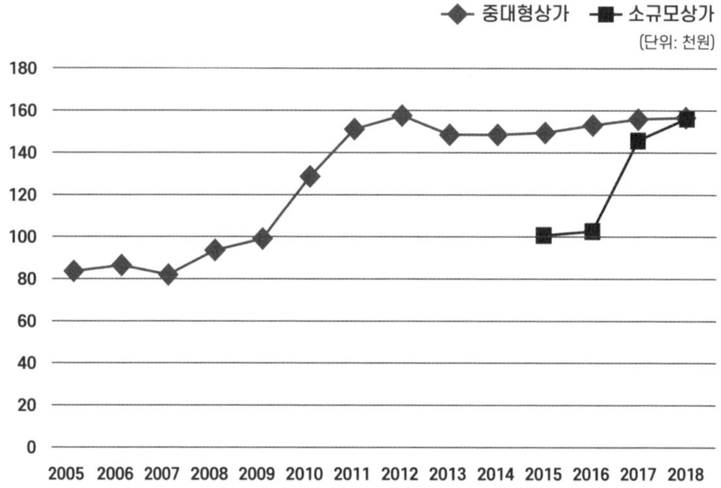

이태원동의 연도별 임대료 변화
(출처: 감정평가원)

이태원의 오래된 골목길을 활기 넘치게 변화시킨 새로운 소상공인들이 이태원에서 사업을 시작한 이유는 이태원만이 갖고 있는 자유로운 분위기도 있지만, 비교적 저렴한 임대료에 있었다.

새로운 소상공인들은 제한된 경제적 자본으로 소규모의 사업을 시작하는 경우가 대부분이기 때문에 2015년 이후 소규모 상가에서 나타나는 임대료의 급격한 상승은 이들이 더이상 사업을 지속할 수 없게 하는 결정적 요인이다.

영국과 미국 등 서구사회에서 발견되는 젠트리피케이션의 단계를 살펴보면, 임대료 상승은 새로운 소상공인들과 같은 선구적 젠트리파이어의 비자발적 이주와 대규모의 자본가 혹은 대형 개발업자들의 진입으로 인한 슈퍼 젠트리피케이션을 발생시킨다. 그러나 이태원의 경리단길을 포함한 강북의 뜨는 혹은 떴던 골목상권에서 발견되는 특이한 사항은 새로운 소상공인들이 그들이 창조한 공간의 상승한 가치로 인하여 비자발적 이주가 이루어지지만, 그 이후의 대규모 자본에 의한 슈퍼 젠트리피케이션은 일어나지 않았다는 점이다. 오히려 골목길 상권은 상승한 임대료와 함께 한동안 정체되었다가 급격하게 쇠퇴하는 현상을 보였다.

이러한 현상은 이미 강북의 골목상권을 이끌었던 삼청동에서 시작되었다. 삼청동은 북촌, 인사동과 함께 강북의 대표적인 관광코스로 꼽혀 국내외 관광객의 발길이 끊이지 않았던 곳이다. 하지만 삼청동이 유명세를 타면서 상가 임대료가 폭등했다. 한류 바람과 함께 급증했던 중국인 관광객들이 2016년 사드 사태 이후 급감하면서 매출이 감소하자 과도한 임대료 부담을 견디지 못한 상인들이 떠나기 시작하면서 삼청동 상권은 내리막길을 걷기 시작했다. 〈한국경제신문〉에 따르면 2018년 삼청동의 공실률은 17%가 넘는 것으로 나타났으며, 삼청동의 부동산 가격이 상승하자 이곳에 건물을 산 임대인들도 위기를 겪었다. 공실이 1년 이상 지속

(단위: %)

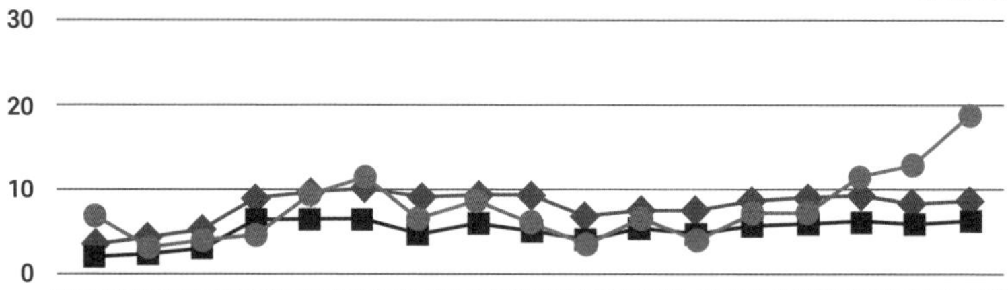

	2002	2003	2004	2005	2006	2007	2008	2009	2010	2011	2012	2013	2014	2015	2016	2017	2018
전국	4.4	5.3	6.6	10.2	10.75	11.25	10.2	10.9	10.15	8.3	9.225	9.475	10.4	10.55	10.6	9.65	10.625
서울	2.8	3.3	4.2	7.2	8	7.95	6.2	7.3	6.225	5.175	6.4	5.95	7.1	7.325	7.725	6.95	7.25
이태원	8.7	4.7	5	6.5	11.55	13.9	8.8	11.4	7.65	4.275	8.15	4.825	9.525	9.625	13.851	5.175	21.8

중대형 상가의 연도별 공실률 변화
(출처: 감정평가원)

되자 건물주들은 임대료를 낮추기 시작했으나 임차인을 구하기는 여전히 쉽지 않다. 한번 침체한 상권을 다시 살리는 일은 처음 상권을 형성하는 것보다 더 어려운 일이다. 최근에는 경리단길의 쇠퇴에 이어 경의선숲길 조성으로 서울의 핫플레이스로 자리 잡았던 연남동의 연리단길과 망원동의 망리단길에도 경리단길의 전조가 나타났다.

상권의 쇠퇴는 상가의 공실률로 이어진다. 매출이 감소한 상황에서 급격하게 오른 임대료를 감당하기 어려운 임차인들은 어쩔 수 없이 폐업하거나 임대료가 저렴한 곳으로 옮겨갈 수밖에 없기 때문이다. 상가의 공실률과 관련한 데이터는 중대형 상가와 관련해서만 찾을 수 있는데, 이태원동 중대형 상가의 공실률은 2002년 8.7%에서 2005년 6.5%로 감소했다가 2007년 13.9%로 급속하게 증가했다. 그리고 2010년부터 7.65%, 2011년 4.275%로 많이 감소했지만, 2015년부터 다시 9.625%로 증가하기 시작해 2018년에는 21.8%로 증가했다. 이태원동의 공실률은 전국 평균 공실률인 10.625%의 두 배, 서울의 평균 공실률 7.25%의 세 배 이상이다.

서울시에서 제공하는 '우리마을가게상권분석' 서비스를 이용해 경리단길의 양식당과 카페의 생존율을 살폈다.

먼저 양식당의 경우, 경리단길에서 1년 생존율은 2017년 92%에서 점점 감소해 2019년에는 67%로 나타났다. 이는 경리단길에서 새로 사업을 시작하는 소상공인들 가운데, 약 35% 정도가 1년도 채 버티지 못한다는 뜻이다. 경리단길이 속한 이태원2동의 상황은 조금 나은 것으로 나타난다. 이태원2동의 1년 생존율은 2017년 82%에서 2018년 62%로 감소했다가 2019년 다시 80%로 상승했다. 카페의 경우, 경리단길에서 1년 생존율은 2017년 60%에서 2018년 100%로 증가했다가 2019년 67%로 감소했다. 경리단길이 속한 이태원2동은 1년 생존율이 2017년 58%에서 2018년 61%로 소폭 상승했다가 2019년 다시 79%로 상승했다.

양식당과 카페를 비교하였을 때, 2017년에는 경리단길에서 양식당의 생존율이 카페의 생존율보다 높았으나, 2018년에는 카페의 1년과 5년 생존율이 양식당보다 높게 나타났다. 그러나 2019년에는 양식당과 카페의 생존율이 비슷하게 나타나 1년 생존율이 모두 70% 미만, 3년의 생존율도 60%이다. 5년을 생존하는 양식당과 카페의 비율은 40% 미만이다. 우리나라 자영업의 5년 생존율(약 20%)과 비교할 때, 경리단길이나 이태원2동의 생존율은 아직 높은 편이다.

물론 생존율이 40% 미만이라고 해서 폐업 신고를 한 나머지 60%의 사업자들이 모두 망했다는 것은 아니다. 폐업하는 데는 여러 이유가 있다. 1인 사업장이 대부분인 소상공인의 경우, 개인적 이유로 더는 사업을 할 수 없는 경우도 있고, 경리단길이 핫플레이스로 알려져 이곳에서 사업을 시작했으나 생각보다 매출이 높지 않아 다른 핫플레이스로 옮길 수도 있다. 그리고 사업은 어느 정도 되지만 매출 대비 임대료가 과도하게 비싼 경우 사업을 접고 임대료가 좀 더 저렴한 곳에서 다시 시작할 수도 있다. 그러나 문제는 골목길 상권이다. 삼청동의 경험이 우리에게 보여주는 것처럼 골목길 상권이 한번 침체하면 이를 다시 활성화하는 데 더 많은 노력과 시간이 걸리기 때문에 경리단길의 공실률이 지속해서 높아진다면, 경리단길도 삼청동과 비슷한 처지에 놓이는 것은 당연한 결과가 된다.

강남 개발로 외면받던 강북의 후미지고 좁은 골목길에 나타난 즐거운 변화가 오히려 더 비참한 결과를 낳을지 모른다. 서울의 오래된 골목길들이 또다시 쇠퇴할 위기에 처할지도 모른다. 이 비참한 결과의 원인은 무엇일까?

우리는 과도한 임대료를 부과하는 '욕심 많은' 건물주를 비난한다. 그렇지만 이 비참한 결과의 원인이 과연 전적으로 '조물주보다 더 위에 있다는 건물주'에게만 있는 것일까? 우리 사회에서 건물주가 어떻게 조물주보다 더 위에 있을 수 있는지를 먼저 생각해 봐야 한다. 이들이 자본주의 논리에 의한 시장의 폭력을 행사할 수 있는 것은, 부동산에 대한 우리 사회의 뜨거운 열망 때문이다. 우리는 건물주를 욕하면서도 내심 이들이 소유한 부동산을 부러워한다. 젠트리피케이션의 상징적 장소인 '테이크아웃드로잉'을 다루는 영화 〈젠틀맨은 없다〉의 정용택 감독은 건물주를 비난하면서도 그들이 소유한 부동산을 부러워하는 우리 사회 전체의 분위기를 지적했다. 우리 사회에 아직도 경제적 약자를 보호할 수 있는 제도적 장치가 미비한 것은 우리가 모두 건물주가 되기를 꿈꾸기 때문이 아닐까?

또 다른 원인은 소비 패턴의 급격한 변화를 들 수 있다. 소비 패턴의 변화는 상권 이동에 큰 영향을 미친다. 누구보다 앞선 문화 소비 집단이며, 우리 사회의 최대 소비계층인 밀레니얼은 이태원의 골목길뿐 아니라 서울의 도시 공간을 변화시키고 있다. 기존의 어떤 세대들보다 나만의 스타일을 추구하는 밀레니얼은 강북의 오래된 골목길에 그들만의 독특한 취향을 반영한 공간들을 창조하고 소비하고 있다. 그러나 이렇게 변화된 공간들이 점점 더 빠르게 쇠퇴하고 소멸해 간다. 서울의 골목길이 누구보다 앞서 새로운 것을 찾아 헤매는, 남들과 다르고 싶은 우리의 욕망으로 인해 한번 쓰고 버려지는 일회용품처럼 소모되고 있다.

2019년 오늘의 서울은 압축성장, 고성장이 아니라 저성장의 시기로 접어들었다. 부동산에 대한 우리의 열망이 아무리 크다고 하더라도, 임대료를 낼 임차인이 없는 한, 조물주 위의 건물주는 처치곤란한 애물단지를 끌어안고 있는 것에 불과하다. 지금은 임대인과 임차인이, 소비자와 소상공인이 서로 북돋우며 다 같이 잘 살아갈 방안을 모색해야 하는 상생의 시기다. 서울이라는 도시 공간이 우리의 욕심과 변덕으로 원주민과 소상공인이 내몰리고 골목길이 버려지고 황폐해지기 전에, 낡고 좁은 골목길에 나타난 재미난 변화가 오랫동안 유지될 수 있도록 우리가 '함께' 노력해야 한다.

서울의 모든 골목길이 핫할 필요는 없다. 내가 익숙하고 편안한 그 골목길이, 그 가게가 오랫동안 존재할 수 있도록 조금만 더 기다려주고 애정을 가져주자. 우리가 진심으로 서울이라는 도시 공간에 '100년 가게'의 꿈을 꾼다면 말이다. 다행히 사회 곳곳에서 둥지내몰림을 방지할 수 있는 '상생협약'과 소비자와 소상공인이 공생할 수 있는 '제로페이' 같은 방안이 마련되고 있다. 임차인과 임대인이 함께하는 모임도 만들어지고 있다. 함께하는 우리의 노력이 지속되는 한, 서울의 미래는 긍정적이다.

Epilogue

포스트 밀레니얼 세대가 이끌어 갈 서울의 도시 공간

서울은 세계의 어떤 도시보다 아주 빠른 속도로 변화하였고, 지금도 빠르게 변화하고 있다. 2001년 내가 서울을 떠나기 전에도 이미 '느리게 살기'에 관한 책들이 서울에서 인기를 끌었지만, 이 변화의 속도는 점점 더 빨라지는 듯하다. 이 빠른 변화는 서울의 후미진 골목길에서도 일어났다. 사람들에게 외면받아 쇠퇴하던 강북의 오래되고 좁은 골목길의 낡은 주택이 어느새 SNS에 핫플레이스로 등장하고, 조용하던 골목길은 사람들로 붐빈다. 반면 영원히 이어질 것만 같았던 강남 불패 신화의 압구정동은 바람이 불지 않아도 찾는 이 없는 한산한 거리가 되어버렸다.

나의 찬란했던 20대를 함께한 압구정동 골목길의 쇠퇴를 바라보며 씁쓸한 마음이 들기도 했지만, 도시는 어차피 살아 있는 유기체다. 도시의 공간은 끊임없이 변화하며, 시간의 흐름 속에서 소멸하고 또 생성한다. 그리고 그 변화의 중심에는 바로 '우리 자신'이 있다. 도시는 우리 인간의 필요와 욕구에 의해 변화하기 때문이다. 우리 사회를 뜨겁게 달구는 '젠트리피케이션'이라는 새로운 도시 현상 역시 마찬가지다.

포스트 밀레니얼 세대가 이끌어 갈 서울의 도시 공간은 어떻게 변화할 것인가?

밀레니얼은 기존 세대가 우려하는 바처럼 단지 자기중심적이고 인내심이 부족하고 불평과 불만이 많은 세대만은 아니다. 그들은 기존의 어떤 세대보다 공익에 관심이 많다. 세계의 환경 문제와 빈곤 문제 등에 기꺼이 동참하며, 더욱 평등한 사회를 만들기 위해 노력하는 세대다. 기존 세대의 소비만능주의와 물질만능주의의 폐해를 지적하고 미니멀리즘과 공유경제를 이야기하는 세대다. '소확행'과 '경험'을 중요시하는 밀레니얼은 '에어비앤비Airbnb'와 '위워크Wework, '우버Uber', '집바이크zip bike' 같은 공유를 통한 새로운 경제활동을 창조해 냈다.

지금은 저성장의 시대다. 미국의 유명한 경제학자이자 하버드 대학교 교수인 마틴 와이츠먼Martin Weizman은 1980년대 미국 경제의 스태그네이션을 극복하기 위한 방안으로 공유경제의 개념을 처음으로 이야기하였다. 저성장시대의 포스트 밀레니얼 세대가 살아갈 서울의 미래 모습 또한 자신의 소유를 남과 공유하는 도시가 되어야 한다. '선한 개발'이나 '참한 도시' 같은 도덕적 로망에 사로잡힌 이야기가 아니다. 나와 너가 공존하려면, 각자가 아닌 '우리'의 유익을 위해 함께 노력해야 하기 때문이다.

이는 자연 생태계의 법칙과 같다. 생태계를 유지하려면 내 욕심을 버리고 먹이사슬이 존재할 수 있도록 자제해야 한다. 어떤 한 개체가 욕심을 부리기 시작하면 모든 개체의 생존이 위협받기 때문이다. 젠트리피케이션의 과정에서 나타나는 비참한 결과는 자본주의 체제에서 이윤을 극대화하려는 우리 욕망의 어두운 그늘로 인해 야기된다. 그렇다면 젠트리피케이션으로 인해 나타나는 부정적 결과를 최소화하기 위해 근본적으로 생각해야 하는 것은 자본주의를 대신하거나 보완할 수 있는 경제체제를 찾는 일이다.

자본주의는 개인의 이익 추구를 위한 생산활동을 보장하며, 재화의 사적 소유권을 인정하는 경제체제로, 1980년대 후반에 일어난 소련의 붕괴와 중국의 자유시장 체제로의 전환으로 인해 가장 이상적인 경제체제로 인식되고 있다. 물론 이론적으로 자본주의 체제에서 개인은 그들이 원하는 것을 경쟁을 통해 얻을 수 있다. 그러나 무제한인 경제활동의 자유는 빈부의 격차 같은 경제적인 양극화와 사회적인 갈등을 초래하게 된다.

자본주의가 지닌 한계점을 극복하기 위한 대안으로 많은 국가가 정도의 차이는 있지만, 시장 경제에 대한 정부의 개입을 허용하는 수정 자본주의 체제를 채택했다. 수정 자본주의는 영국의 유명한 경제학자인 존 메이너드 케인스John M. Keynes가 주장하였다. 서구사회는 1930년대의 대공황으로 인해 대량 실업과 디플레이션의 문제를 해결하기 위해서 정부의 적극적인 간섭이 필요하다는 케인스의 주장을 받아들였다. 케인스는 당시 경쟁을 통한 자유시장 체제가 궁극적으로 모든 사람에게 직업과 부의 분배를 가져올 것이라는 고전파 경제학자들의 믿음에 이의를 제기하였다. 이를 계기로, 서구사회는 빈부 격차의 해소를 위한 사회 복지정책을 시행하고 부의 재분배 및 형평성 문제를 해결하기 위해서 정부의 시장 개입을 인정하는 수정 자본주의 체제를 채택하게 되었다. 그러나 시장 경제에 대한 정부의 개입은 1970~80년대의 경제 위기와 사회 복지정책의 시행으로 인한 정부의 지나친 재정부담과 복지정책의 효율성 등에 대한 이의가 제기되면서, 정부의 시장 개입을 최소화하고 시장을 다시 자율에 맡기자는 신자유주의 neoliberalism가 등장했다.

이처럼 시장과 정부의 역할에 대해서는 산업혁명과 시민혁명을 거치면서 근대적인 자본주의 경제체제가 발달한 이후, 오랫동안 경제학자들 사이에서 논란이 되어왔다. 그러나 자본주의 경제체제는 시장과 정부에 의해서만 움직여지는 것이 아니다. 자본주의 경제체제를 움직이는 가장 중요한 인자는 어찌 보면 각 개인이다. 자본주의의 어두운 그림자는 더 많은 이익을 추구하려는 무제한적인 개인의 욕망에서 비롯된다. 우리가 만약 극도의 이윤 추구보다 우리를 위한 민주주의, 사회 공익과 정의에 더 가치를 둔다면, 자본주의는 지금처럼 폭력적이지 않을 수 있다.

내가 살았던 보스턴 시에 있는 록스베리Roxbury 지역의 주민들이 젠트리피케이션의 부정적 영향을 최소화하기 위해 어떤 상생의 노력을 하였는지 소개하면서 이 책을 마무리하고 싶다.

록스베리 지역은 보스턴뿐만 아니라 미국에서 가장 쇠퇴한 지역 가운데 하나로 주민 대부분이 흑인이다. 오랫동안 보스턴 시로부터 소외된 록스베리 주민들은 록스베리 지역을 주민들 스스로 변화시키기로 하였다. 이를 위하여 1984년 비영리 기관인 '더들리 거리 지역주민 발의the Dudley Street Neighborhood Initiative(DSNI)'를 설립하였다. DSNI는 주민들이 선출한 임원단이 운영하는데, 임원단은 록스베리 지역의 사업가, 종교지도자, 주민으로 구성되며, MIT의 도시계획대학원은 DSNI의 활동을 적극적으로 지원하고 있다. 내가 DSNI의 활동에 대해서 처음 접하게 된 것도 MIT의 SPURS 연구원으로 있을 때 일이다. MIT의 도시계획대학원의 교수들은 DSNI와 함께 록스베리 지역 저소득층 주민들의 지역역량강화와 지역발전을 위한 여러 노력을 했으며, 주민의 지도자를 양성하기 위한 특별 코스도 운영한다.

DSNI는 록스베리 지역의 사회, 경제적인 상황을 개선하려고 노력하는 한편, 저소득층인 원주민을 보호하기 위한 방안들을 마련하였다. 록스베리 지역은 보스턴 중심부에서 가까운 곳에 있었기 때문에 보스턴 시 정부는 갈수록 심각해져가는 보스턴의 주택문제를 해결하기 위하여 록스베리 지역에 보스턴의 중심부에서 일하고 있는 전문가를 위한 오피스, 호텔, 주택 등을 공급하고자 하였다. 록스베리 지역을 재개발하는 것은 반가운 일이었지만, DSNI는 록스베리 지역에 젠트리피케이션으로 인해 원주민들이 쫓겨날 것을 우려하여 1987년에 커뮤니티 토지신탁인 '더들리 토지신탁'을 설립하고 보스턴 시에 요청하여 60에이커의 땅을 확보하였다. 커뮤니티 토지신탁Community Land Trust(CLT)은 장기간 공공의 유익을 위해서 토지를 관리하는 커뮤니티 구성원이 운영하는 비영리 기관으로, 부동산 시장의 압박으로부터 토지를 보호하고 전매를 금지하는 역할을 한다.

DSNI가 우려했듯이 1990년대 중반 이후부터 록스베리의 토지가와 주택 가격이 급등했다. 보스턴 중심부에 있던 관공서들이 가장 먼저 록스베리로 이주하기 시작했고 민간사업자들도 그 뒤를 따랐다. 록스베리와 보스턴의 중심부를 연결하는 지하철 서비스가 다시 운영되고, 여피들이 즐기는 스타벅스나 패리쉬 카페 Parish Café 등이 생겨나고 있다. 조용했던 더들리 광장은 다시 사람들로 분주해졌고 록스베리는 활기를 찾기 시작했다. 보스턴 중심부에 있는 병원과 파이낸셜 섹터 등과 같은 전문 직종에 종사하는 사람들은 임대료나 주택 가격이 저렴한 록스베리에서 거주하기 시작했다. 오랜 역사를 지닌 록스베리 지역에는 아름다운 빅토리안 스타일의 건물들이 남아 있었기 때문에 여피들의 시티 라이프를 충족시킬 수 있었다.

록스베리 토지신탁은 그들이 소유한 토지에 225호의 저렴한 영구주택, 공원, 커뮤니티 센터, 차터 스쿨charter school(미국의 교육 개혁의 일환으로 학부모·교원·자치단체 등이 협력하여 설립한 초·중 공립학교의 일종. 일반적인 공립학교보다 규제가 적은 것이 특징), 커뮤니티 그린하우스, 도시농장 등을 만들고 있다. 커뮤니티 그린하우스와 도시농장은 록스베리 지역 주민들이 좀 더 저렴한 가격으로 신선한 농산물을 살 수 있도록 하기 위하여 지역의 농부들에게 토지를 저렴하게 임대하고 농산물도 판매할 수 있게 했다.

록스베리 주민은 록스베리 토지신탁으로부터 낮은 이자의 주택담보대출을 받아 주택을 소유하거나 임대할 수 있다. 주택 소유자의 경우, 토지의 소유권은 록스베리 토지신탁에 있기 때문에 건물에 대한 소유권만을 갖게 된다. 2011년 발표한 자료에 따르면 기존의 주택시장에서 주택담보대출금을 갚지 못해서 은행으로부터 주택을 차압당하는 비율이 4.63%인 데 반하여, 록스베리 토지신탁에서 운영하는 주택담보대출을 이용한 경우에는 차압률이 0.46%에 불과한 것으로 나타났다. 이는 지역주민의 경제적 상황을 고려하여 주택담보대출 이자와 이에 대한 계획을 수립하기 때문이다. 록스베리 토지신탁에서는 연간 주택가의 상승률을 1.5%로 제한하고 있으며, 주택 거주 10년 후에도 5%로 제한하고 있다. 이는 주택의 매매가를 제한함으로써 다른 이들에게도 적정한 가격의 주택을 소유할 기회를 주기 위함이다.

커뮤니티 토지신탁 모델은 공익을 위해 단합된 지역 커뮤니티의 힘을 보여준다. 커뮤니티 토지신탁 모델은 지역의 특성과 상황에 따라서 다르다. 2011년 현재, 미국의 커뮤니티 토지신탁의 수는 96개에 달하며, 약 1만 호의 저가 주택을 공급하고 있다. 점점 더 많은 커뮤니티 토지신탁들이 주택 문제뿐만 아니라 지역 주민 모두에게 이익이 될 수 있는 다양한 활동들을 하고 있다. 커뮤니티 토지신탁은 지역주민들에게 단지 저가 주택을 공급하는 것뿐만 아니라, 우리 사회에서 소외된 저소득층 주민들과 함께 일함으로써 그들의 역량을 강화하는 역할을 한다.

정부가 모든 문제를 해결해 줄 때까지 기다릴 수는 없지 않은가? 우리 스스로 자본주의 경제체제가 갖고 있는 어두운 그림자에 좀 더 능동적으로 대항해야 한다. 젠트리피케이션이라는 욕망의 어두운 그늘이 가져온 비참한 결과를 보지 않았는가? 더들리 커뮤니티 토지신탁의 모델이 보여준 것처럼, 우리에게 가장 필요한 것은 우리 각 개인이 자신의 이익을 다른 사람과 나누려는, '공익을 향한 마음'이다. 포스트 밀레니얼 세대가 이끌어 갈 공유도시 서울의 멋진 모습을 즐겁게 상상해 본다.

참고문헌

단행본

- 강유가람 · 김혜정 · 김현경 · 홍혜미, 『청년예술가－창업가들의 골목길 고군분투기』(서울시 청년허브, 2014)
- 모종린, 『골목길 자본론』(다산북스, 2017)
- 모종린, 『라이프스타일 도시』(Weekly Bizbooks, 2016)
- 신현준 · 이기웅, 『서울, 젠트리피케이션을 말하다』(푸른숲, 2016)
- 피에르 부르디외, 최종철 옮김, 『구별짓기: 문화와 취향의 사회학』(새물결, 2005)/ Bourdieu, P., *La Distinction: Critique sociale du jugement*(Paris: ditions de Minuit., 1979)
- Basch, L., Schiller, N. G. and Blanc, C. S., *Nationsunbound: Transnational Project, Post-colonial predicaments and deterritorialized nation-states*(Amesterdam: Gordon&Breach Science Publishers, 1994)
- Glass Ruth, *London aspects of change*(London: MacGibbon&Kee,1964)
- Ley, D., *The New Middle Class and the Remaking of the Central City*(Oxford: Oxford University Press, 1996)
- Portes, A. Carlos, D-C., and Landolt, P., *The Urban Caribbean: Transition in the New Global Economy*(Baltimore: Johns Hopkins University Press, 1997)
- Smith, M. P., *Transnational Urbanism: Locating Globalization*(Malden, MA: Blackwell, 2001)
- Zukin, S., *Naked City: the Death and Life of Authentic Urban Places*(Oxford: Oxford University Press, 2010)

논문

- 고민경, 「초국가적 장소의 형성: 이태원을 중심으로 바라본 서울의 세계화」(서울대학교 석사학위 논문, 2009)
- 윤혜수, 「젠트리파이어의 사회적 위치와 실천: 2010년 연남동 소상공인의 사례」(서울대학교 석사학위 논문, 2017)
- 이선영, 「닐 스미스와 젠트리피케이션 그리고 한국」, 『공간과 사회』 26(2)(2016)
- 최종일, 「이태원 공간에 나타난 '아메리카나이제이션'에 관한 연구」(서울대학교 석사학위 논문, 2003)
- 최재헌 · 강민조, 「외국인 거주지 분석을 통한 서울시 국제적 부문의 형성」, 『한국도시지리학회지』 6(1)(한국도시지리학회, 2003): 17~30쪽
- Ley, D., "Transnational spaces and everyday lives", *Transactions of the Institute of British Geographers*, 29(2003): pp. 151~164
- Rofe, M., "'I want to be Global': Theorising the Gentrifying Class as an Emergent Elite Global Community", *Urban Studies* 40(12)(2003): pp. 2511~2526
- Tom Slater, "The Eviction of Critical Perspectives from Gentrification Research", *International Journal of Urban and Regional Research*, Volume 30.4(2006)
- Zhou, Y. and Tseng, Y., "Regrounding the 'Ungrounded Empires': Localization as the Geographical Catalyst for Transnationalism", *Global networks* 1(2)(2001): pp.

131~153
- Zukin, S., Trujillo, V., Frase, P., Jackson, D., Recuber, T., and Walker, A., "New Retail and Neighborhood Change: Boutiques and Gentrification in New York City", *City & Community* 8(1)(2009): pp. 47~64

보고서

- 박종구, 「이태원 관광특구의 변화전망과 발전방안」(서울연구원, 2005)
- 서울특별시, 「서울시 젠트리피케이션 종합대책」(2015)
- 서울특별시, 「젠트리피케이션 데이터 분석 결과 보고」(2016)
- 정은애, 「상권주기에 따른 소상공인 및 자영업 정책방향」(중소기업 포커스, 2019)

언론

- 김사과, 「홍대 앞 좀먹은 힙스터들, 다음 타깃은 이태원?」〈프레시안〉(2011)
- 이기웅, 「젠트리피케이션 없는 도시는 가능한가?」, 〈중앙문화〉(2019)
- 선담은, 「'궁중족발' 사장은 왜 5년 동안 권리금을 회수하지 못했나」, 〈한겨레〉(2018. 06.14.)
- 신윤동욱 외, 「이태원은 누구의 땅인가」, 〈한겨레21〉(2007.12. 20.)
- 송정, 김경록, 「브런치 대중화 10년, 뉴욕 스타일에서 강남 스타일로」, 〈중앙일보〉(2015. 05. 27.)
- 정순우, 「[요즘엔 이 거리가 핫] 서울 이태원동 '경리단길'」, 〈MK 뉴스〉(2018. 01. 26.)
- 허성준, 「'꼼데가르송 길 효과'…한남동 대사관 빌라촌 '변신中'」〈조선비즈〉(2011. 10. 20.)
- 홍석기, 「서울, 국제도시에서 세계도시로 도약」, 〈서울경제〉 2008년 1월호(서울시정개발연구원, 2008)

찾아보기

ㄱ

ㄴ

ㄷ

ㄹ

ㅌ

ㅍ

ㅎ